世界のエリートが学んでいる
教養としての中国哲学

小川仁志
Hitoshi Ogawa

PHP

世界のエリートが学んでいる教養としての中国哲学

はじめに　ハーバードの学生も熱狂する最強の思考ツール

今、アメリカの名門ハーバード大学のエリートたちが、中国哲学をテーマにした授業に熱狂しています。中国哲学の真髄を熱っぽく語るマイケル・ピュエット教授の授業には、毎回多くの学生が詰めかけているようです。

いったいどうしてハーバードの学生たちが中国哲学に熱狂しているのか？　理由は簡単です。それは中国哲学の基本的な考え方が、西洋のものの考え方、とりわけ西洋哲学のものの考え方と大きく異なるからです。だからこそ、ハーバードのエリートたちは、自分たちの知らない新しいものの見方、ものの考え方を身に着けようとしているのです。

中国哲学とは、長い歴史の中で中国の賢人たちがいかに生きるべきかを考えてきた知の結晶だといっていいでしょう。ただそれは決して特殊でローカルなものではなく、むしろ普遍的でグローバルなものなのです。そのことは本書を読んでいただければよくわかると思います。孔子や老子といった思想家たちは、何も中国人だけのために生きる術を説いたわけではなく、この世のすべての人たちを対象にしていました。その意味で、**中国哲学の全貌を紹介する本書も、生き方に悩むすべての人、より善く生きたいすべての人に向けて書かれています。**

それに加えて、本書の執筆に際しては、ビジネスをはじめ、何らかの形で中国にかかわりのある読者や関心のある読者の存在を意識するようにしました。そもそもハーバードのエリートたちが中国哲学に関心をもつ背景には、政治、経済、軍事の面でアメリカを脅かす中国の追い上げが挙げられます。ハーバードに集うエリートだからこそ、中国との競争には敏感です。これから社会に出て、中国人と競っていくためには、いったい何が必要か、どうすれば彼らに勝つことができるのか。そのヒントを得ようと必死になっているのでしょう。

本文でも出てきますが、孫子の言葉に「彼を知り己を知れば、百戦して殆《あや》うからず」というものがあります。敵のことをよく知っておけば、常に勝つことができるということです。その言葉のとおり、ハーバードのエリートたちは敵のことをよく知ろうと努めているわけです。

このことは、世界経済において2位争いを繰り広げ、同じアジアにおいて歴史上も密接な関係を持つ日本にとって、より妥当するといっても過言ではありません。ある意味で、中国哲学はアメリカのエリートたち以上に、日本のエリート、いや、あらゆるビジネスパーソンが知っておかなければならない常識であるといえます。

さらに、中国の古典には時代や場所を超えて通用する普遍的な知がちりばめられています。だからこそ日本の経営者には、『論語』や『孫子』を愛読する人が多いのでしょう。あるいは『韓非子』や『菜根譚』も人気です。

ぜひ皆さんも、人類が誇る中国哲学という名の最強の思考ツールを身につけて、自分の頭で考え抜く力を養ってください。そして充実した毎日を過ごしていただけると幸いです。

最後に本書の体系について概説しておきます。本書では、古典だけでなく、中国哲学の歴史や人物、キーワードなど、あらゆる角度から中国哲学の概要について紹介し、そうした知識をどう生かせばいいかヒントを示しています。いわばこれ1冊で中国哲学のすべてがわかり、これ1冊で中国哲学をいかに人生やビジネスに生かせばいいかがわかる決定版です。

《 本書の体系 》

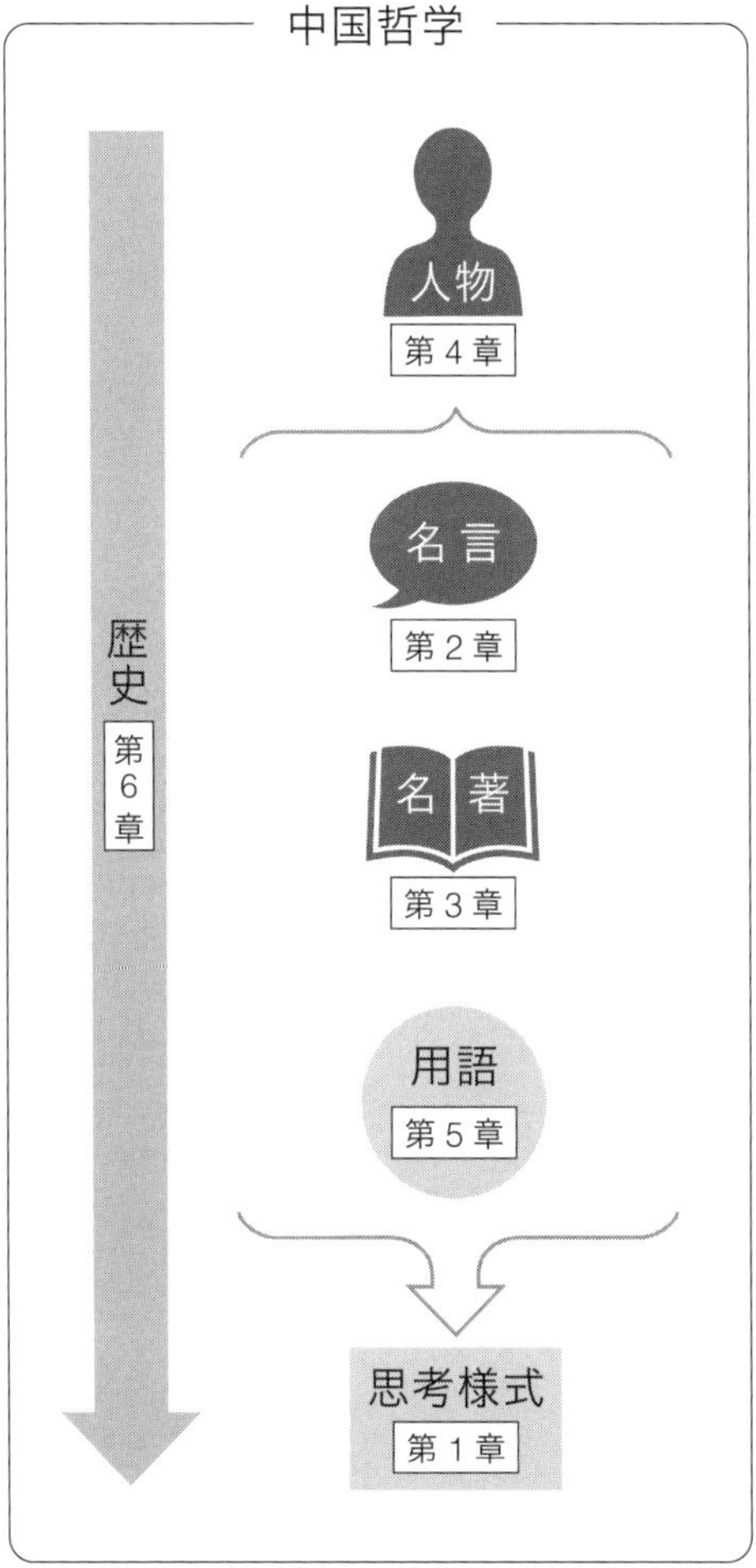

第1章では、気、礼、仁、孝、天、法、道、義という中国思想における主要な八つの概念に着目し、それらが中国独自の思考様式として、今なお人々の間に根付いていることを紹介していきます。

第2章では、中国哲学の名言を、主要人物につき二つずつ、計20個紹介しています。

第3章では、中国哲学の知の結晶ともいうべき古典的名著20種類を、できるだけ同じ時代のものばかりに偏らないように注意しながら選択して紹介しています。

第4章では、中国哲学の主要人物20人を取り上げ、プロフィールを紹介しています。

第5章では、中国哲学の必須キーワード20個を選んで紹介しています。

第6章では、最後に全体を整理していただくために、中国の歴史区分に沿って、春秋戦国・秦、前漢・後漢、三国時代・晋・南北朝、隋・唐、宋、元、明、清、近代（アヘン戦争から中華人民共和国成立まで）、現代（中華人民共和国成立から現在まで）の10段階に分けて思想の流れを紹介しています。まず流れを押さえたいという方のため、一応ここからでも読めるように工夫はしてあります。なお、通常の歴史学の区分とは異なる部分もありますが、あくまで思想の流れや塊を重視しています。

ちなみに、2章以下の項目や人名の選択に際しては、各章でできるだけ内容が重複しないように配慮しています。そのため、必須と思われるものについても、別の章で詳しく紹介している場合にはあえて別のものを選んでいる場合がありますので、あらかじめご了承いただければと思います。

《 略年表 》

年	6章の時代区分	4章で取り上げた主要人物
紀元前722～紀元前207	春秋戦国 秦	孔子　孟子　荀子　墨子 老子　荘子　孫武　韓非
紀元前206～207	前漢 後漢	董仲舒　司馬遷
220～589	三国時代 晋 南北朝	鳩摩羅什
581～907	隋 唐	
960～1279	宋	朱熹　陸九淵
1271～1368	元	
1368～1644	明	王守仁
1616～1912	清	梁啓超
1840頃～1949	近代	孫文　魯迅
1949～現在	現代	毛沢東　鄧小平　汪暉

世界のエリートが学んでいる教養としての中国哲学　目次

我は生まれながらにして――／位なきを患えず――／至誠にして動かざる者は――／仁義に由りて行う――／兼ねて相愛し――／仁人の事は――／上善は――／太上は下これあるを知る――／知らず、周の夢に胡蝶と為るか――／人はみな有用の用を知りて――／治を為むる者は――／官を侵すの害は――／彼を知り己を知れば――／兵は詐を以て立ち――／天子は四海を以って――／燕雀安くんぞ――／亦た是の性有らざるなく――／豈に強を恃みて弱を凌ぎ――／心は即ち理なり――／尽天下の学――

第3章

中国哲学の名著

中国の知の結晶に学ぶ――53

本文ＤＴＰ：宇田川由美子

第1章

中国哲学の思考法

中国独自の思考様式をつかむ

▼支配しようとする——気

気はもともと人の息や自然現象としての大気のような、空気状のもの一般を指していました。その意味で、同一の気が人の体にも外界にも充満していると考えられたのです。さらには気は単に人体や世界に存在しているだけでなく、むしろそれらを構成する素材としてとらえられました。とりわけ人体にいたっては、気は生命力の根源でさえありました。

この万物を生成する気という発想は、宋の時代に陰気と陽気という陰陽二気、あるいはそこから派生する木・火・土・金・水という五行の気のそれぞれの結合や分離によって説明されるようになります。

また、中には多様な気の元になる根源として、元気という概念によって万物の生成を説く理論も出てきました。道教における元気の概念はその一つです。道教では気を通じて神と一体となることが説かれたのです。気はまさに神のごとく世界を支配する力でもあるのです。

実際、気の思想の起源は、周王室の史官らが、王がきちんと支配するために生み出

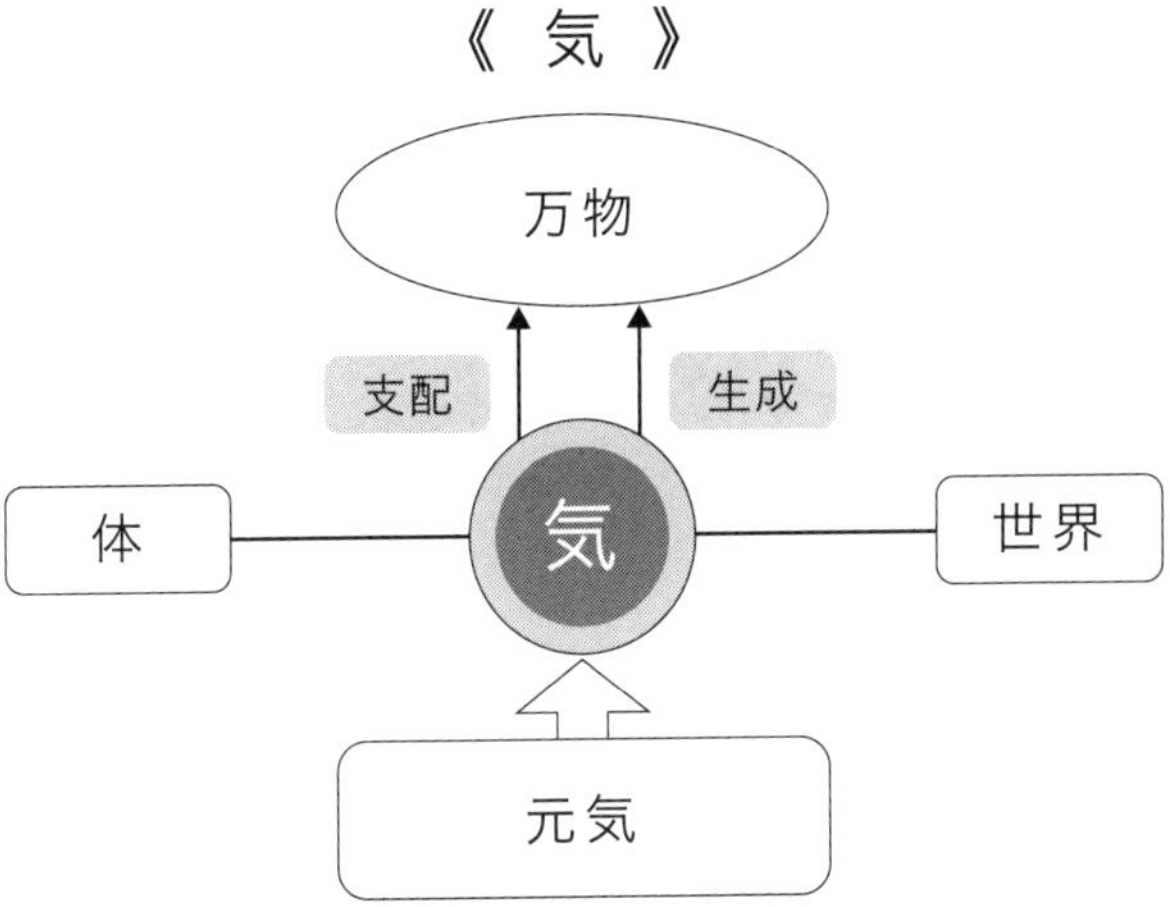

した理論だという説があります。**つまり、王の行いが悪いと天地の気の秩序が乱れて災害が起き、国が衰えると説いたのです。**

その後気は、理気哲学、つまり万物は真理としての理と物質的なものとしての気によって構成されるとする思想の中で議論されていきます。

このように中国では、気がすべてを支配する要素であり、自分の体にもそれが備わると考える発想が存在します。この気による支配という思想が、自分でなんでも支配しようとする中国人の思考様式につながっているように思われます。それはまた物事をコントロールできるという自信やバイタリティを生み出しているといえるでしょう。

▼メンツを重視する——礼

礼とは社会秩序を維持するための倫理的規範を指します。したがって、それが自発的なものである点において、強制の契機を伴う法とは区別されます。もともとは宗教的儀礼に起源を持っていたものが、拡大して社会的政治的規範となっていきました。

とりわけ礼を秩序原理として理論化していったのは、孔子を祖とする儒家でした。孔子が説く礼は実践によるもので、そうした徳としての礼を中心とする思想を礼教主義といいます。

儒家の中で特に礼を重んじたのは荀子《じゅんし》です。荀子は人には生まれつき欲があるとする性悪説をとります。こうした認識から、人の欲をコントロールするために礼が求められるというのです。

荀子の思想はのちに法を重視する韓非子《かんぴし》に引き継がれていくわけですが、法と礼の関係については、法に先行して為政者の礼による教化こそが事を未然に防ぐなどと理解されていました。また、個別の定めが重視される法とは異なり、秩序原理としての礼は決して個別の儀礼のルールのみを指すのではなく、むしろそれらを超えた普遍的

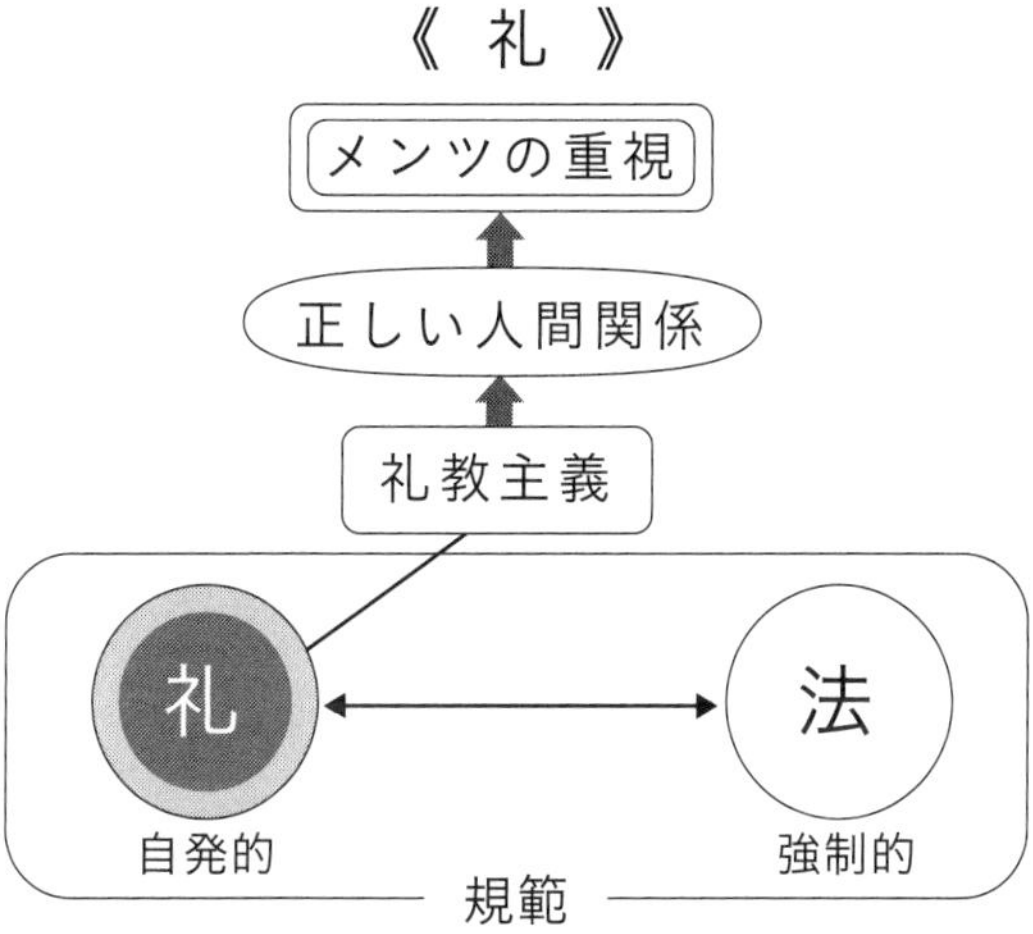

存在であると考えられていました。

その後学問としての礼は、礼学として発展していきます。こうした学問を基礎に、貴族たちはきちんと儀節を行うことで、内部秩序を規制しようとしました。つまり礼とは極めて実践的な思想だったのです。現代中国において古典的な意味での礼の思想はすたれてしまったかもしれませんが、**今なお人間関係を正しく律するものとしての礼の観念は人々の意識を支配しているといっていいでしょう。**

それが道理にかなっていることを重視したり、正しい人間関係の象徴であるメンツを重んじるという中国人の思考様式となって表れているような気がしてなりません。

▼洞察する――仁

仁とは人格の高さを指す言葉で、孔子が儒教において最高の徳目としたものです。もともとは人という漢字と同じものとして扱われていて、人間的であるというような意味だったのが、春秋時代に仁として確立されていったようです。

仁は一般に愛情や憐《あわれ》みという意味で使われていますが、最初は家族における愛情を対象としていました。それが次第に政治にまで広げられたようです。そして明確に仁政として民衆への憐みを基本とした政治に結び付けたのは孟子です。

後の時代になると、たとえば陽明学の王守仁などが、「万物一体の仁」を唱え、宇宙自然と人の道徳性との関係で仁の概念を説くようになります。つまり、家族への愛が共同体に広がり、さらにそれが万物、宇宙・自然へと広がっていくイメージです。

このように仁は基本的には人間関係を規定するために必要な道徳であり、それはどこまでも広がる普遍性を持っているということができるでしょう。そしてその場合の人間関係とは、相手に対してどう振る舞うのが正しいかという倫理だといえます。現に孔子も『論語』の中で、人として仁が欠けていると礼をどうすることもできないと

《仁》

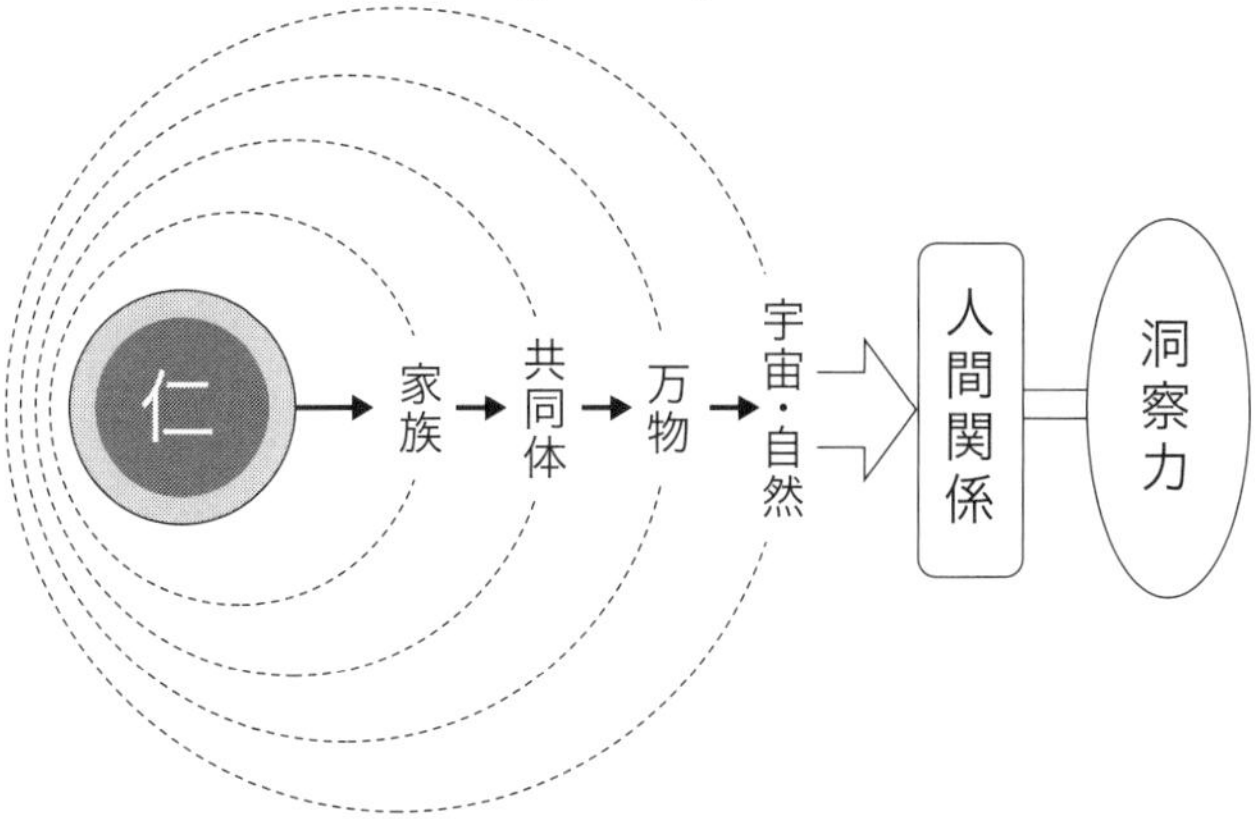

いっています。

仁は、他者に対してふさわしい反応をするための洞察力のようなものなのです。つまり、仁によってその都度求められる適切な対応を洞察することではじめて、正しい行いとしての礼が可能になるわけです。逆にいうと、仁によってきちんと洞察ができていないと、人間関係はぎくしゃくしたものになってしまうということでしょう。

そしてこの優れた洞察力を生み出す仁こそが、実は中国人のあの商売上手な性格や、駆け引きが上手な性格を形作っているのです。**あらゆる人間関係を支配するのは洞察力であり、その根源に仁があるという点に注意が必要です。**

▼家族単位で考える――孝

孝とは儒教の徳目の一つで、親に対する子の敬愛の感情を指します。これに対して親以外の目上の者に対する徳目は悌、君主に対する徳目は忠として区別されます。中国思想における孝は、生きている間だけでなく、死後もまた親に対する敬愛を求める宗教化が特徴的な点です。つまり、死後の永遠を目的として、子孫に対して祖先の祭祀を求めるのです。これが中国において祖先崇拝が強い理由の一つでもあります。

この宗教化した孝の概念は、言い換えると、過去と現在、そして未来をつなぐ役割を果たしているととらえることもできます。つまり、孝は時間軸を貫く徳としての側面があるといえるわけです。

漢王朝が建国されると、中央集権制の確立のため、孝は君主への忠誠を表すものとして拡大されていきます。その典型が『孝経《こうきょう》』ですが、これによって孝は広く社会における徳として普遍化されることになります。いわば孝の空間軸を貫く徳としての側面です。

『孝経』の冒頭には、家族道徳と君臣道徳の関係が次のように記されています。「父

《 孝 》

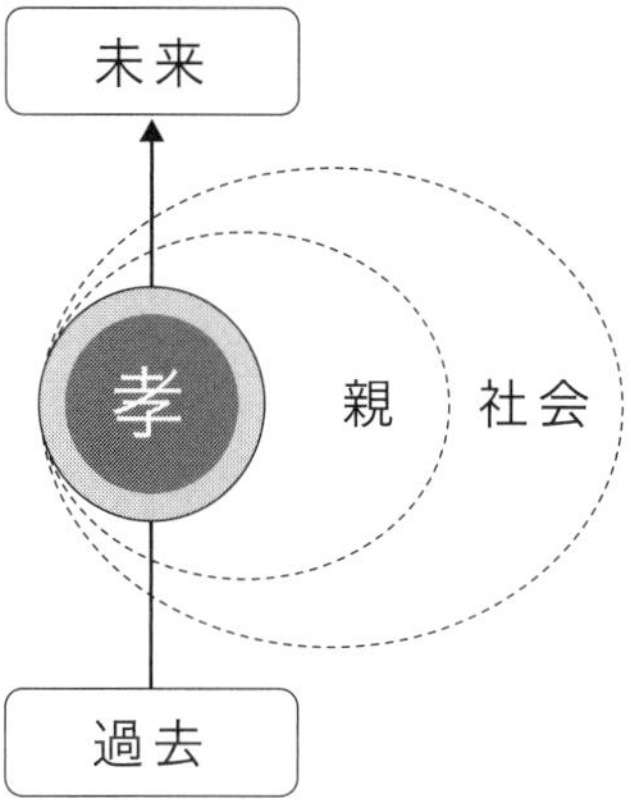

母から与えられた身体の保全が孝の始めであり、自立して孝を実践し、後世に名を残し、父母に名誉を帰するのが孝の最終目的である。孝は、親に仕えることから始まり、君に仕えるようになり、立身出世が最終目的である」と。つまり、孝は徳の起点であり、終点でもあるのです。

　このように、家庭内の道徳としての孝が社会においても意味を持つことによって、**中国人は社会においても孝を基準に物事を考えるようになると考えられます。**人間関係においてまず家族を大事にし、そこから同心円状に広げるように関係を構築していく中国人の思考様式はここに淵源があるのです。

▼上の命令に従う──天

天とは、頭上の天空を指すわけですが、そこに神霊が存在するという発想から神聖視され、天を敬う思想が生まれました。殷《いん》の時代には上帝という至上神が地上のあらゆる現象を引き起こしていると考えられており、呪術の対象になっていたのです。

これが周の時代になると、徳のある支配者には幸をもたらし、不徳の支配者には災いをもたらすという人格神として理解されるようになります。かくして周王は、天から命を受けて天下を統治する天子であるとされたのです。

この天の思想を道徳として学問に位置づけたのが春秋戦国の諸子百家《しょしひゃっか》たちでした。特に孔子は、従来王にのみ関係していた天を万人のための徳として説きました。儒家に限らず、思想家たちの多くは、天と人間社会とを結びつけようとしたのです。そうした流れの中で漢の時代に確立されたのが、天人相関説です。

一般に天人相関説は、天象と人事との対応関係を説くものですが、董仲舒《とうちゅうじょ》はこれを国家支配のためのイデオロギーとして利用し、次のように述べました。「国家に道をはずれた失敗が起きると、天はまず災害を出して譴告《けんこく》(引用者注：罪を告げて戒める

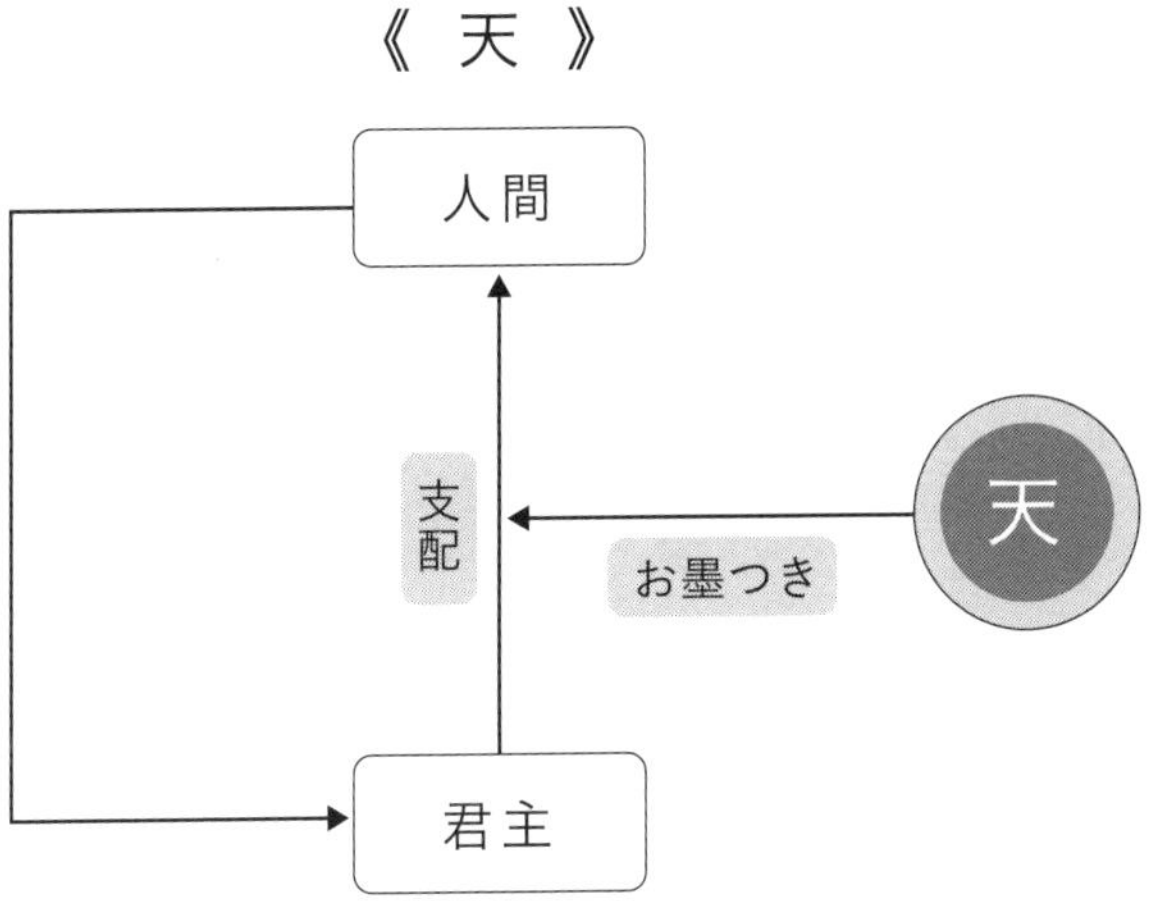

こと）する。それでも反省しないならば、さらに怪異を出して恐懼《きょうく》（引用者注：恐れさせる）させる。それでも改善しないならば、ついに破壊がやってくる。このことから、天の心は君主を愛してその乱をやめようとしていることが分かるのだ」と。

こうして天人相関説は、君主の支配を権威づけると同時に、それに天からのお墨付きを与える役割を果たしていたといっていいでしょう。

個人主義に見える中国人ですが、意外と「老板（ラオバン）」、**つまりボスの命令を仕方ないものとして受け入れる傾向があります。**ここには天の思想の影響が残っているとみていいのではないでしょうか。

▼筋を通すことを求める――法

法は刑と同じ意味で使われ、春秋末期から統治の手段として用いられていました。当初、有力な思想家集団であった儒家は、法で強制するのではなく、礼による倫理的教化を理想としていました。しかし、次第に体制に組み込まれ、荀子のように刑罰による政治で、徳治、つまり為政者の道徳に基づく政治を補おうとする思想を主張するようになります。

これを受け継いだ法家《ほうか》は、人の性格はもともと悪であるから、法を道具として秩序を維持しなければならないと説くようになるのです。そして韓非子が対立する様々な立場をまとめる形で法家の思想を完成させます。一般には儒家の礼治論と法家の法治論は対立矛盾するかのようにとらえられがちですが、両者はむしろお互いに歩み寄って、一つの独自の法思想として発展していったととらえたほうがいいでしょう。

その例として象徴的に挙げられるのが、『史記』に出てくる「礼は未然を禁じ、法は已然を施す」という表現です。つまり、儒家の説く礼は倫理として行為の以前に機能し、法家の説く法は行為の結果を罰するものとして事後的に機能するということで

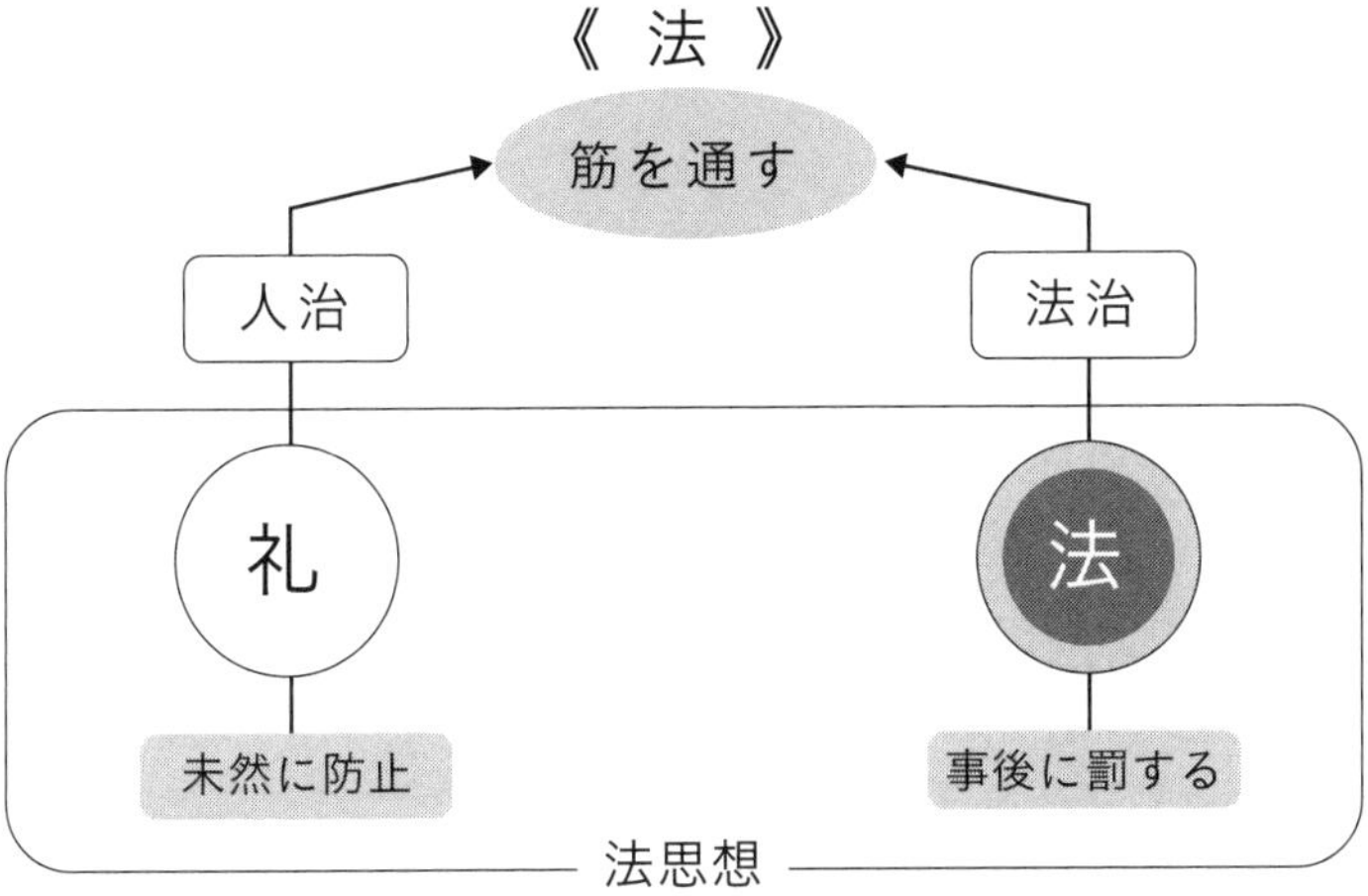

す。こうして一つの社会規範の中に両者は棲み分ける形で統合されていきます。

もっとも、そのせいで礼による温情の働く余地が大きくなってしまい、結果的に人治と法治の境界を曖昧にしてしまったという問題点も指摘されます。

たしかに、**中国人は法を軽視するという見方もありますが、反面筋を通すことにこだわるのもまた事実です**。これは倫理だとか法だとかいった形式的枠組みにこだわらず、とにかく彼らが正しい行いをするべきだと考えている証拠です。いわば中国独自の法思想が、筋を通すという思考様式を形作っているのです。

▼無理に抗わない――道

道というのは、もちろんもともとは人が通行するあの道でした。それが道筋や法則の意味へと広がっていきます。そしてなんといっても道家がこれを天地万物の存在根拠と位置付けたことで、中国思想において最も重要な思想の一つになったのです。

儒家の孔子も「朝に道を聞かば、夕に死すとも可なり」と論じているように、道について説いています。朝どう生きるか悟ることができれば、夕方に死んでも悔いはないという意味です。**つまり、道とは進むべき方向であり、あるべき生き方なのです。**

こうして孔子は、真理としての道を具体的な教えの形にして明確化したといえます。しかしその内容は、あくまで社会における真理であって、老子のようにそれを宇宙の本質にまで拡大することはありませんでした。

老子は「道は一を生じ、一は二を生じ、二は三を生じ、三は万物を牛ず」と説いて、道を宇宙生成の論理にまで仕立て上げたのです。しかもそれは万物生成の根拠であると同時に、万物の存在根拠だとまでいいます。その後荘子は老子の思想を引き継ぐ形で、道と生のあり方とを結びつけて、悟りを開くための方法を提案しました。そ

《道》

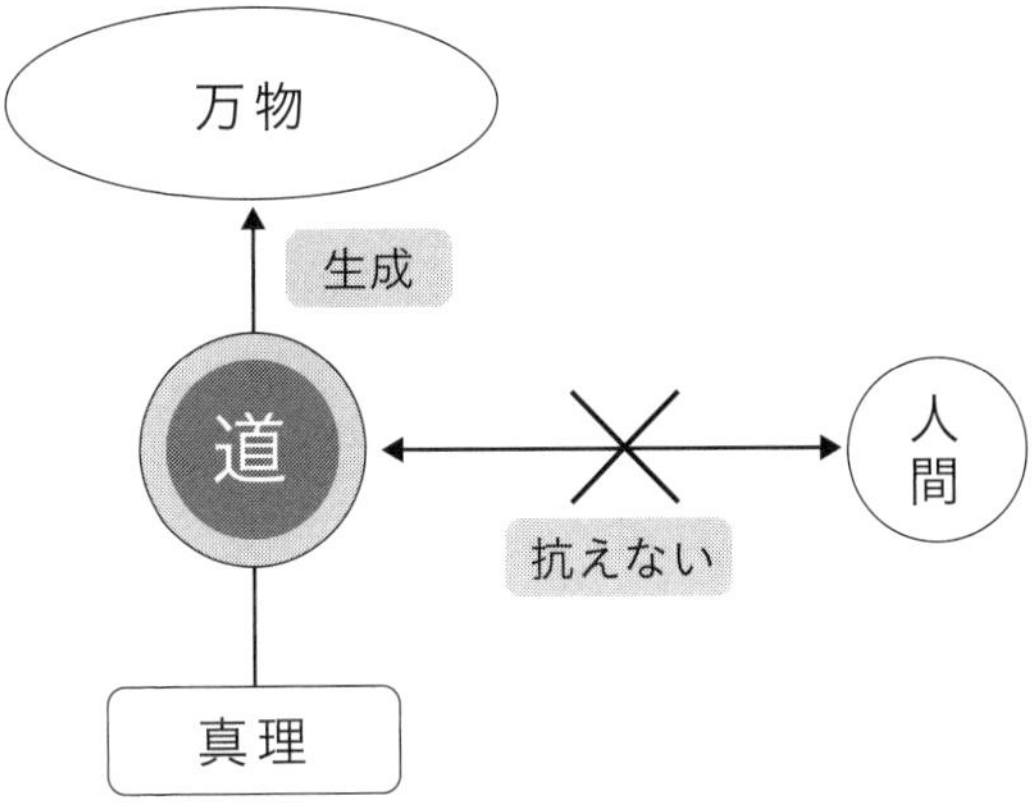

して悟りを開いた理想の人格を真人と呼んだのです。

さらに、老荘思想を宗教にまで発展させた道教では、老子を神格化すると同時に、道を最高の真理であるとして位置づけていきます。もはや道は誰も抗うことのできない世界の法則として人々の間に浸透していったのです。

現代において道を正面から唱える人はあまりいませんが、中国人の思考様式として無理に抗わないという態度が見られるように思います。ここにはおそらく道の思想が影響しているのではないでしょうか。

▼友達を大事にする──義

義とは一般になすべきことであるとされます。儒家よりも墨家のほうがこの概念をより重視していたようです。「万事は義より貴きはなし」とまでいうように、義は最も貴く、義のために命を賭することも辞さないとさえ考えられていたからです。

その後、義は個人と個人の関係で取り結ばれるものとして発展していきます。仲間を救う、非業の死を遂げた友人の家族を世話するといったように。もちろんその背後には、何らかの誓いや自分がその仲間や友人から受けた恩などがあるのでしょう。そうした信頼を裏切ることなく、きちんとなすべきことをするというのが義なのです。

しかし他方で義は、君臣関係のような上下関係における忠義を表すようにもなります。ただこの場合も、決して何の根拠もない一方的に強制された忠義ではなく、相互関係によって成り立つものであると考えられたようです。

そんな義の思想は、宋代以降朱子学において発展を見ます。特筆すべきなのは、「義利の辨《べん》」という発想です。つまり、利益としての利を悪の起源とみて、義と弁別しようというわけです。あるいは明の時代には、利己性としての利と弁別すべきであ

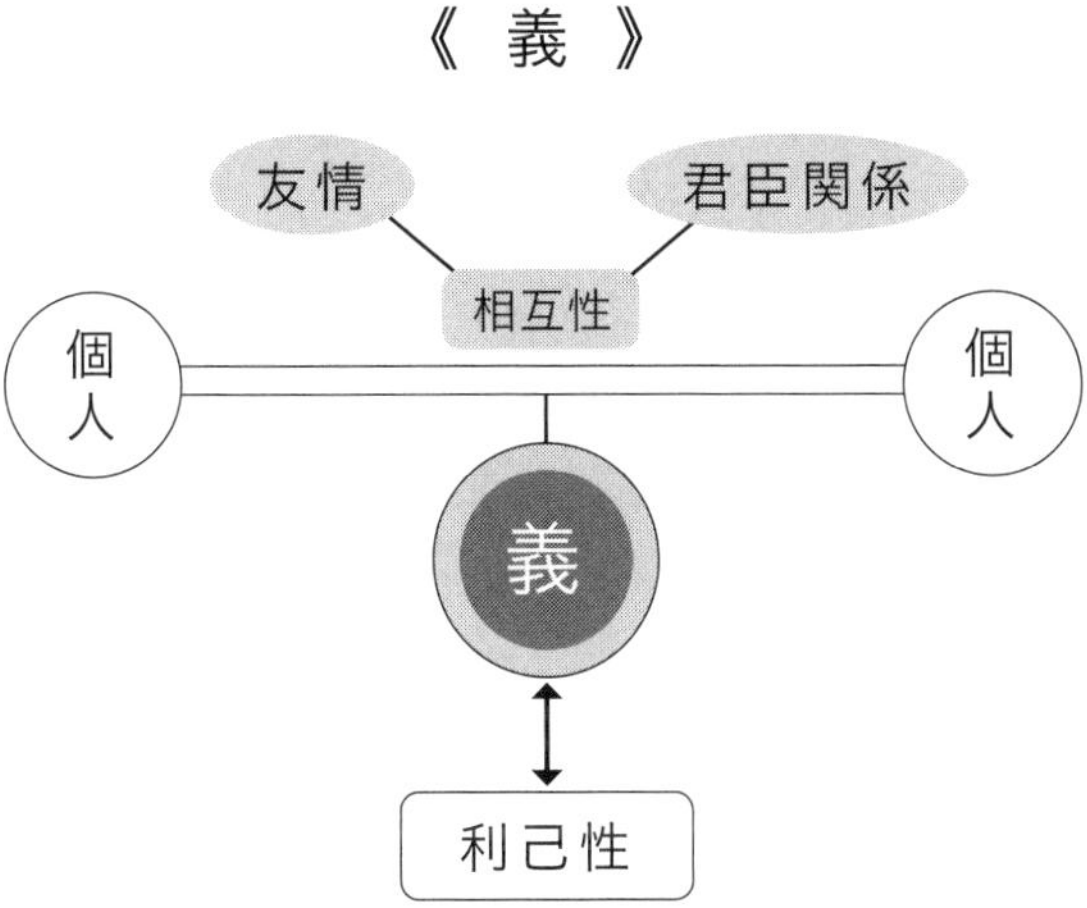

るとする立場もありました。

「皆と共にするのを義という」とする言葉があるくらい、義とは助け合いを前提とした概念なのです。その意味で利己性とは相いれません。

このなすべきこととして仲間と助け合うという義の思想が、中国人の友達を大事にする思考様式に関係しているように思えてなりません。中国人はよく「朋友（ポンヨウ）」という言葉を使います。これは友達を表す中国語ですが、**日本人が考える友達以上に深い意味合いがあるのです。**つまり、助け合う仲間という意味が込められている点に注意が必要です。

第2章

中国哲学の名言

知っておきたい
中国の名フレーズ

孔子の言葉

我は生まれながらにして之を知る者に非ず。古を好み敏にして以て之を求むる者なり。

（『論語』）

超訳

私は生まれつき賢いわけではない。古の知に学び、そこから敏感に何かを得ようと努めているだけである。

これは学ぶことの大切さを説いた言葉ですが、儒教の始祖である孔子が、その教えの本質をずばり表現したものであるといっていいでしょう。孔子がいいたかったのは、**人は学ぶことで成長し、また学べば誰でも立身出世することが可能だということです**。儒教が能力主義で人材を登用する科挙の柱となり、いくら王朝が変わっても常に成長し続ける国の精神的よりどころであり続けている理由は、そうした孔子の教えの核心にあります。中国の人たちにとって、学ぶことは希望にほかならないのです。

孔子の言葉

位なきを患えず、立つ所以を患う。己を知るなきを患えず、知るべきを為さんを求むるなり。

（『論語』）

超訳

地位がないことを嘆くよりも、実力をつける方法を考えよ。名を知られていないことを嘆くよりも、人に知られるような仕事をするよう努めよ。

中国人はよく、孔子は先生の中の先生だといいます。実際孔子は多くの教え子を持ち、その教え子たちがまた弟子を教えていたのですから、たしかに先生の中の先生だったわけです。ただ、そうした意味にとどまらず、孔子が教師の鑑とされるのは、若い人を励まして努力させるのが上手だったからです。**嘆くより力をつけよ、人に知られるようないい仕事をせよ**というのは、分野を問わずメンターとしてもっとも理想的なアドバイスだといえるでしょう。

孟子の言葉

至誠にして動かざる者は、いまだこれあらざるなり。

（『孟子』）

超訳

誠意を尽くせば必ずわかってもらえるはずである。

孟子は理想主義者でした。人間は生まれつき善であると考える性善説に立つように、人間を信頼していたのです。だからこそ、誠意を尽くせばきっとわかってもらえると考えたのです。戦国時代の中国では戦略が重んじられたはずですが、その中で孟子があえて誠意の大切さを訴えたことには意義があると思います。現代社会でも交渉はますます技術的なものであるかのようにとらえられていますが、**本当は誠意を尽くすことが大前提のはずです。**

孟子の言葉

仁義に由りて行う、仁義を行うには非ざるなり。

（『孟子』）

超訳

仁や義といった徳はもともとあるもので、わざわざやるものではない。

仁も義も儒家にとってもっとも大事な徳の一つですが、それはあたかも自分の外にあるルールのように思われてしまっています。ところが、孟子はそれらは自分の心の中にある徳なのだから、選んで行うようなものではないと戒めるのです。**自分の外部にある規範だとやらされる対象になりますが、自分の内部にある規範は進んでやりたいと思うものになるはずだと。**人の中に潜在する善の可能性をどこまでも信じようとする孟子らしい言葉だといえます。

墨子の言葉

兼ねて相愛し、交ごも相利す。

（『墨子』）

超訳

すべての人を同じように愛せば、お互いにとって利がある。

前段は墨子《ぼくし》の思想の最大の特徴である兼愛です。つまり、序列をつけることなく、すべての人を等しく愛しなさいと主張するのです。これは儒家のようにまず親や兄弟、あるいは君主など身近な人を大切にしなさいという発想とは正反対のものだといえます。もっとも、**それはただの無償の愛ではなく、あくまでそうすることによってお互いに利があるはずだというのです。**ここが中国式の無償の愛たるゆえんです。

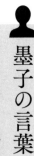

墨子の言葉

仁人の事は、必ず務めて天下の利を興し、天下の害を除かんことを求む。

（『墨子』）

超訳

仁の心がある人は、必ず世の中の利益になることを行い、世の中の害悪を取り除こうとするものだ。

世の中の利を思い、害悪を取り除こうと努める人。これはまさに墨子自身のことにほかなりません。しかも墨子はこうしたことをただ口先でいうだけでなく、実践した人物でもあります。だからこそ多くの弟子が彼を慕ったのです。**世の中のプラスになることを行い、反対にマイナスを取り除こうとする態度**。その精神は時代や場所を超えて妥当する普遍的な公共哲学であるといっても過言ではないでしょう。

老子の言葉

上善は水の若し。

（『老子』）

超訳

最も優れた物事のあり方は、水のようなあり方である。

老子はとにかく自然や物事にさからわないように生きるのがいいという基本的考えをもっています。その点で水は、物があればよけて流れていくだけで、争うことがありません。しかも高い方に無理に上っていくのではなく、低い方へと流れていきます。**この水のようなあり方こそが、人間の態度としても理想だというのです。**激しい競争社会の中で、毎日肩肘を張って生きている現代人に強く響く言葉です。

老子の言葉

太上は下これあるを知る。その次は親しみてこれを誉む。その次はこれを畏る。その下はこれを侮る。

(『老子』)

超訳

最も理想的なのは部下が気兼ねしなくていい上司、その次は親しまれる上司、さらにその次は恐れられる上司、一番ダメなのはバカにされる上司である。

親しまれる上司や、その逆で恐れられる上司が望ましいのはよくわかると思います。もちろんバカにされるような人が指導力を発揮できるわけがありません。**面白いのは、理想の上司は気兼ねしなくていい人だといっている点です。**ここがいかにも老子らしいのですが、たしかに部下がへりくだらないといけないようでは、いい仕事もできないでしょう。自然体を重視する老子ならではのリーダーシップ論だといえます。

荘子の言葉

知らず、周の夢に胡蝶と為るか、胡蝶の夢に周と為るかを。

（『荘子』）

超訳

はたして私が夢の中で蝶になったのか、それとも蝶が夢の中で私になったのかどちらかわからない。

荘子の思想を象徴しているとして、「胡蝶の夢」の名で知られる一節です。つまり、蝶になった夢を見たとき、普通は自分が蝶の夢を見ていると考えるわけですが、荘子はそうとも限らないというのです。逆に蝶が夢を見て自分になっている可能性だってあるじゃないかと。**これはすべての存在には違いはないとする荘子の万物斉同思想の表れといえます**。競争に明け暮れ、ちょっとした違いのせいで一喜一憂している現代人は、ぜひ耳を傾ける必要があります。

荘子の言葉

人はみな有用の用を知りて、無用の用を知るなきなり。

（『荘子』）

超訳

人は皆有用の用ばかりに目を向け、無用の用の意義を考えようともしない。

有用の用とは、有用なものが役に立つという意味です。いわば当たり前のことなので、誰もがそれを前提としています。ところが荘子は、**無用の用、つまり無用なものこそ役に立つと主張するわけです**。これは逆説的な発想ですが、だからこそ人と異なる発想ができたり、気づかないことに気づく可能性があるのです。もしかしたら、埋もれている能力の発掘や、イノベーションを起こすきっかけになるかもしれません。

韓非子の言葉

治を為むる者は、衆を用いて寡を舎つ。故に徳に務めずして法に務む。

（『韓非子』）

超訳

政治を行う者は、多数者が従う方法を採用して、少数者しか従わないような方法はとらない。だから徳に頼らず法を用いるのだ。

本来であれば人々の徳に訴えかければ、よりよい政治ができそうなものですが、それで変わる人はたくさんいないだろうといいます。たしかにこれは現実的な見方です。だから法律で強制的に支配したほうが、成果が上がるというわけです。法家の韓非子らしい言葉だと思います。**一罰百戒ということなのでしょう。**たしかに理想だけでは世の中は回っていきません。国民が13億人もいる現代の中国ではなおさらそうなのかもしれませんね。

韓非子の言葉

官を侵すの害は、寒きより甚だし。

（『韓非子』）

超訳

決められたとおりに仕事をしないのは、寒さなんかよりずっと大きな問題だ。

君主が酔ってうたたねをしていたとき、それに気づいた冠係（冠の世話をする担当）が寒いといけないと思って衣をかぶせてあげました。すると、目覚めた君主はなんとその冠係を罰したというのです。なぜならそれは冠係の仕事ではなく衣装係の仕事だったからです。**つまり、このエピソードを通じて、韓非子は決まり通りに仕事をすることの大切さを訴えようとしたのです。**これも日本人の発想とは異なる法家らしい発想といえます。

孫子の言葉

彼を知り己を知れば、百戦して殆うからず。

（『孫子』）

超訳

敵のことをよく知り、自分のこともよく知っていれば、百回戦ったとしても毎回勝てる。

孫子の言葉の中でも最も有名なものではないでしょうか。ここには孫子の兵法の本質が表れているといっていいでしょう。つまり、**敵や自分の情報をよく知ることで何が有利になるかというと、無駄なことをしなくて済むという点です。**孫子は必ずしも戦うことがいいとは思っていませんでした。できれば戦わずして勝ったほうがいいのです。お互いに損失がありませんから。情報がより重要な現代社会だからこそ、より有益な言葉であるように思います。

孫子の言葉

兵は詐を以て立ち、利を以て動き、分合を以て変と為す者なり。

（『孫子』）

超訳

戦いの際には、敵を欺くことを基本とし、利益に基づいて行動し、分散と集合によって変幻自在に動くのがよい。

実はこの後に、日本の戦国時代の武将武田信玄が軍旗に用いたあの風林火山の引用元が続きます。**敵を欺《あざむ》くこと、利益に基づいて行動すること、変幻自在であること。**これらはいずれも戦争だけでなく、あらゆる戦い、たとえば現代社会におけるビジネスや交渉にも当てはまるものといえます。孫子の兵法が経営者やビジネスパーソンに人気があるのは、こうした理由からです。

司馬遷の言葉

天子は四海を以って家と為す。

（『史記』）

超訳

天下を治める人は、世界全体を我が家同様に考えるべきである。

四海というのは世界全体を指すわけですが、そうするとおよそ国を治めるような人は、世界全体を自分の家のようにとらえよという意味になります。**つまり、常に世界全体を視野に入れて行動せよということです。**どんな分野でも、中国人のリーダーはこういう発想で世界を見ているのです。逆に私たちもそこから学ぶことができるでしょう。リーダーたるもの、常に世界を預かっているという認識と気概を持って臨むべきなのです。

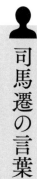

司馬遷の言葉

燕雀《えんじゃく》安《いず》くんぞ鴻鵠《こうこく》の志を知らんや。

（『史記』）

超訳

燕や雀のような凡人には、白鳥のような大物の高い志は理解できない。

秦帝国を倒した陳勝《ちんしょう》が、農民だった頃に自分を馬鹿にした雇い主に放った言葉とされています。**凡人と大物はそもそも志が違うということをいいたいわけです。**中国の人たちはこういう言葉に勇気づけられて頑張っているのでしょう。ちなみに、これが史実かどうかは別として、少なくとも著名な歴史書にそう書かれており、かつそれが長年にわたって人々の間に浸透してきたとすれば、もうそれは「歴史」なのです。もともと歴史とは物語なのですから。

朱熹《しゅき》の言葉

亦《ま》た是《こ》の性有らざるなく、故に下愚と雖《いえど》も道心無き能わず。

（『中庸章句』）

超訳

誰でも人としての本性が備わっているはずだから、ダメな人でも向上心がないとはいえない。

朱熹の思想には、自己研鑽を通じて世を治める修己治人という発想があります。これが科挙を目指す人たちにとってのモットーのようなものだったわけです。**ダメな人にも向上心があるはずだ**という言葉は、幅広い層に科挙にチャレンジする勇気を与えたのではないでしょうか。たしかに人間はやる気になりさえすればなんでもできるものです。そしてやる気になるかどうかは、周りの人たちの激励次第だといえます。

朱熹の言葉

豈《あ》に強を恃《たの》みて弱を凌ぎ、富を以て貧を呑むべけんや。

（『朱文公文集』）

超訳

強い立場を生かして弱いものをいじめ、お金にものをいわせて貧乏人を従わせてもいいものだろうか。

これは朱熹が官僚たちに戒めた言葉です。科挙《かきょ》に合格して特権を得ると、すぐに調子に乗って傲慢《ごうまん》で強欲になってしまう人たちに、果たしてそのような態度でいいのかと問いかけたわけです。このような戒めを見ると、徳川幕府が朱熹の興した朱子学を武士のための御用学問として採用したのもよくわかります。現代社会の官僚や政治家にもぜひ心にとどめておいてもらいたい言葉です。

王守仁の言葉

心は即ち理なり、天下にまた心外の事、心外の理有らんや。

（『伝習録』）

超訳

心はイコール理であって、この世に心の外に物事が存在したり、心の外に理があるだろうか。

王守仁の陽明学の本質である「心即理」について述べた言葉です。朱子学ではあたかも心の外に理があるかのように説くのですが、両者を分けるのはそもそも間違いで、むしろ両者を合致させなければならないと考えるのです。そうしてはじめて、心の中に規範があるという理屈が成り立ちます。**そして心を鍛えることが重視されるようになるのです**。現代社会においても倫理の強化が叫ばれますが、それは心を磨き上げることにほかなりません。

王守仁の言葉

尽天下の学、行わずして以て学ぶと言うべき者有ること無し。

（『伝習録』）

超訳

この世の学問の中に、実践なくして学んだといえるようなものは存在しないはずだ。

行動よりも知識を優先する朱子学に対し、王守仁は「知行合一《ちこうごういつ》」つまり知識と行動は同一であると説きました。したがって、知識だけを学ぶとか、知識を先に学ぶということはあり得ないのです。**知識は常に実践を伴うことになるわけです**。中国人は実践を重んじますが、ここには明らかに知行合一の発想が垣間見えます。行動することに慎重な日本人にとって、非常に参考になる言葉だといえます。

第3章

中国哲学の名著

中国の知の結晶に学ぶ

『論語』——普遍的に当てはまる「正しい生き方」の指南書

著者（孔子の弟子たち）、刊行年（不明）

いわずと知れた中国哲学の最高傑作にして、最も有名な書物です。先生はおっしゃったという意の「子日わく」で始まるように、儒家の開祖である孔子の言葉が記録されたものです。「論語」とは、「議論の答え」という意味である通り、基本的には孔子が議論の結果として答えた内容が記されています。ただ、中には門人の言葉も掲載されています。

これらの言葉を編集してまとめたのは、孔子の弟子である曾子や有子に続く同じ学問の流れの人たちだとされています。その意味では、キリスト教の開祖イエスの言葉を弟子たちが聖書にまとめたり、哲学の父ソクラテスの言葉を弟子のプラトンが本に書いて紹介したりしたのと同じです。孔子自ら本を書いたわけではないのです。

そのため孔子の後の時代に付け加えられたようなものがあるのも事実です。現に、漢代には、孔子宅の壁から出てきた『古論語』、斉の国に伝わった『斉論語』、そしてもともとある『魯論語』の三つが存在したのですが、この時期それらがまとめられて、今日に伝わっています。

『論語』の主題は、一言でいうと人間としての正しい生き方の追求にあります。それは次の『論語』の冒頭の一章に明確に示されています。「子曰く、学びて時に之れを習う、亦た説ばしからずや。朋遠方より来たるあり、亦た楽しからずや。人知らずして温らず、亦た君子ならずや」。

つまり、学問をして学んだことを、機会あるごとに復習すれば、その学んだことが知識として身につく。これはなんと喜ばしいことだろうか。友が遠方からやってきたら、こんなに楽しいことはない。人に理解してもらえないからといってすぐに怒らずにいられたら、その人は学徳の出来上がった人だといっていいだろうということです。『論語』は普遍的に当てはまる「正しい生き方」の指南書なのです。

『墨子』──愛と平和のための活動記録

著者（墨子とその弟子たち）、刊行年（不明）

『墨子』は、墨子こと墨翟《ぼくてき》本人がすべてを書いたわけではないようですが、そこは『論語』と同じで問題はないでしょう。むしろここには、墨翟一人ではなく、墨家集団の思想活動の記録が残されていると見た方がいいように思います。

まず兼愛・非攻篇には、墨翟の基本理念が書かれています。兼愛とは、血縁的な愛を別愛であるとして退け、それを超えた普遍的な愛を説くものです。「兼ねて相愛し、交々相利す」という「兼愛交利」は墨子の最も有名な一節です。

非攻とは、強国による弱肉強食的な風潮を非難するものです。「不足を虧《か》いて、有余を重ぬるなり」とは、まさにこの非攻の典型です。つまり、不足している者からさらに物をとって、その分を有り余る者に重ねて与えるようなやり方をすれば、国家は滅びるということです。

その他、節用篇・節葬篇・非楽篇は、儒家の礼楽説批判、非命篇は儒家の天命論批判、明鬼篇・天志篇は墨家の集団としての信念、尚同篇は墨家の組織論、尚賢編は集団内の尊賢的秩序が述べられています。これらは「十論」といって、墨子の十大主張を論じたものです。

たとえば、「一目の視るは、二目の観るに若かず。一耳の聴くは、二耳の聴くに若かず」。これは尚同篇の一文です。一つの目で見るよりは二つの目で見たほうがよくわかるし、一つの耳で聞くよりは二つの耳で聞くほうがよくわかるという意味です。**つまり、組織を治めるには、よく現実を見て、話を聞かないといけないということです。**

面白いのは、こうした思想に関する記述のほかに、具体的な戦闘のしかたや、城守の仕方、兵器の制限の方法などが述べられており、墨家が戦闘集団であったことがうかがえる点です。さらに、幾何学、光学等を記した論文集もあることから、彼らが技術者集団であったこともわかります。

『孟子』――理想主義者のマニフェスト

著者（孟子とその弟子たち）、刊行年（不明）

『孟子』は孟子の言葉を記録した書ですが、孟子本人が執筆したという説と、彼の言葉を弟子である公孫丑《こうそんちゅう》や万章《ばんしょう》らがまとめたという説の二つがあります。司馬遷の『史記』によると、孟子ははじめ諸国の王に徳を説いて回ったのですが、戦うことを優先していた王たちに相手にされず、あきらめて『孟子』七編を執筆したということになっています。

朱子が『孟子』を『論語』と並ぶ四書の一つとして認め、『孟子集注』という注釈書を書いて以来、儒家にとって最重要テキストの一つとされています。

全体は7篇からなっており、前半3篇は孟子が遊説した際の事跡に関する記述が多いのですが、後半4篇は孟子の言葉を伝える思想書的な記述になっています。

孟子の思想には大きな二つの柱があるといっていいでしょう。一つは性善説、もう一つが王道政治です。**性善説とは人間の本性は善であるとする考えです。**だからその善の芽を育てるために修養が必要だと説くのです。たとえば『孟子』では次のように表現されます。

「求むれば則ち之れを得、舎つれば則ち之れを失う」。これは徳を求めれば得ることができるけれども、捨てれば失ってしまうという意味です。つまり、孟子にいわせると、仁義礼智信といった徳は、もともと人間に備わっているものなので、それを得られるかどうかは心がけと努力次第だというわけです。

もう一つの柱である王道政治とは、仁と義の二つの徳に基づく政治のことです。王道の反対は力づくで押さえつけようとする覇道ですから、王道は人々が自ら律していく政治にほかなりません。

そのことをストレートに表現しているのが、「徳を以て仁を行なう者は王たり」です。徳をもって仁政を行う者、つまり王道を行う者が真の王者だということです。しかし残念なことに、孟子のこの理想主義は、戦国時代の王たちの耳には届きませんでした。

『荀子』——現実主義者の教育論

著者（荀子）、刊行年（紀元前26年頃？）

『荀子』は、そのほとんどが荀子自身によって書かれたものですが、一部門人による語録や付記があります。荀子は孟子に次ぐ儒家の著名な思想家で、両者は「孟荀」と称されてライバルのように扱われています。

というのも、孟子の「性善説」に対して、荀子が「性悪説」を唱えたからです。**人の性は放っておくと利欲に走るので、それを礼によって正す必要があると説いたのです。**

各篇は主題別になっており、最初の勧学篇では学問の重要性を、次の修身篇では心身の修養を、天論篇では天に対する人の働きかけの意義を、性悪篇では文字通り性悪説が論じられています。

性悪説に関しては、様々なたとえを用いて繰り返し論じられています。たとえば、「木は縄を受けて則ち直《なほ》く、金は礪《れい》に就いて則ち利《するど》し」。材木は墨縄を用いてはじめて、まっすぐに切ることができ、金属は砥石にかけることによってはじめて鋭くなるという意味です。つまり、人もこれと同じで、教育を受け、鍛えられることではじめて正しく立派になれるということです。

実はこの性悪説だけでなく、『荀子』にはほかにも孟子の説に対立するものがいくつかあります。王覇篇で覇者を王者に次ぐものとして肯定しているのは、孟子が覇者を否定したのに対立する考えということができるでしょう。

孟子が理想主義者であったのに対して、荀子は現実主義者としてとらえられることがありますが、この王覇篇にはそれを如実に示す一節があります。「直木を立てて、其の影の枉《ま》がらんことを求む」。まっすぐな木を立てて、その影が曲がることを望む人がいるが、それは無理な注文だという意味です。つまり、限界を超えて物事を望んでも、それは不可能だといいたかったのです。

『大学』──徳のクイックガイド

著者（不明）、刊行年（不明）

『大学』というのは、もともとは『中庸』と同じで五経の一つである『礼記』の中の一篇にすぎませんでした。それが宋代以降独立の書として出版され、朱子が儒学の基本書として四書の一つに位置付けたことで、重要な書としてみなされるようになったのです。

朱子はこれを二部に分けて、経の一章は孔子の言葉を曾子《そうし》が述べたもの、伝の十章は曾子の言葉をその門人が記録したものだとしました。作者は不明ですが、この書は儒学の核心である「修己治人《しゅうこちじん》」、つまり自分が修養することで、それを生かして世を治める方法について論じていることから、徳を身につけるための入門書とされています。

その内容は、大きく分けると「明徳を明らかにすること」「民を親たにすること」「至善に止まること」の三つだといえます。これは「大学の三綱領」と呼ばれています。まず、明徳とは人間が天から授けられた徳性であって、それを明らかにすることが必要だということなのです。つまり良心を磨き上げることだといっていいでしょう。これが修養の第一だとされるわけです。

次に、民を親たにすることとは、自分だけでなく一般の人をも導いて、日々進歩するように努めることをいいます。そこまでやれなければ、自分の修養も完成しないというのです。そして、至善に止まることとは、明徳と民を親たにすることを最高の善として維持するという意味です。

『大学』では、これら三つの内容が整ってはじめて、修養が完全なものになると考えます。そのうえで、この三つの目的を実現するための方法論がサブカテゴリーとしてぶらさがっています。それが格物、致知、誠意、正心、修身、斉家、治国、平天下の八つです。まとめて「大学の八条目」と呼ばれます。

物事の理解の仕方から世の治め方まで、まさに自分の学びと世直しを結び付けるための最良の徳のクイックガイドといえます。この書が、入門書として今でいう小学校1、2年生のテキストになっていたのもうなずけます。

『中庸』――徳を身につけるための実践編

著者（子思?）、刊行年（不明）

『中庸』もまた『大学』と同じく、もともとは『礼記』の一部であったものが独立したものです。儒学の入門書としての四書のうちの一つですが、『大学』が基礎知識編だったのに対して、『中庸』は実践編になります。作者は諸説あるものの、孔子の孫、子思《しし》だとされています。ただ、宋代に朱子が『中庸章句《ちゅうようしょうく》』という注釈書を作って以来、それが『中庸』の定本になりました。

『中庸』とは偏りのなさを意味する中と、常を意味する庸の組み合わせですから、「偏りのなさを常とせよ」ということになります。いわばほどほどがよいということです。そこで人間の徳についても、中和の徳が説かれます。中和の徳とは、つまり人の誠のことです。

また、誠とは嘘偽りのないことだともいわれます。もちろん、人間は人欲にかられる存在なので、嘘偽りをなくすのは困難です。でも、だからこそ常にその状態を目指さなければならないと説いたのでしょう。

では、どうすれば中庸を身につけ、誠に至ることができるのか。これについては、「庸徳《ようとく》をこれ行ない、庸言《ようげん》をこれ謹む。足らざる所あれば、敢て勉めずんばあらず、余りあれば、敢て尽くさず」とあります。

つまり、平凡な徳を積み重ね、普段から発言を慎重にし、徳の積み重ねが足りていないと感じれば努力し、発言が過ぎたような場合は口数を少なくするということです。**このような日常の行動や発言について、一つひとつ行き過ぎを意識することによってはじめて、中庸の徳は身につくのです。**

これは口でいうのは簡単ですが、実践するのは大変なことです。だからこそ、『中庸』は『大学』が入門編であるのに比して、その後に読むべき実践編として位置づけられているのでしょう。

『詩経』――詩のエンサイクロペディア

編者（孔子？）、刊行年（不明）

『詩経』は中国最古の詩篇で、『書経』、『易経』、『礼記』、『春秋』と並ぶ五経の一つです。内容的には文字通り詩なのですが、風、雅、頌の三つに大きく分かれます。風とは、地方の民謡のようなものです。15の国に分かれ、その国風を詠んでいます。雅とは、貴族や朝廷の公事や宴席などで奏した音楽の歌詞のようなもので、「大雅」と「小雅」に分かれます。頌は祭祀に用いる寿詞のようなもので、「周頌《しゅうしょう》」、「魯頌《ろしょう》」、「商頌《しょう》」に分かれます。

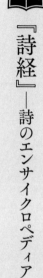

周の時代から戦国半ばまでの千年以上にわたって詠まれた詩を集めており、作者も庶民から王侯まで多岐にわたります。当時は詩を集める役人がいて、地方の詩を集めて整理していたようです。

形式については、一句四字を基本とした四言詩で、同一の句や類似の句を章ごとに繰り返しています。これは畳詠《じょうえい》形式といって、歌謡に使われたものです。表現技法としては、賦、比、興の三つがあり、賦は直叙法、比は比喩法、興は最初に述べたことを連想させて後で主題にするものです。これらは、先ほどの内容に関する三つの分類、風、雅、頌と合わせて「詩の六義」と呼ばれます。

中国の古典における詩は、単なる教養というだけでなく、実際的な役割も果たしたようです。たとえば、『詩経』の詩には、風刺が含まれているものも多く、そうした詩が国際関係を円滑にするために用いられたといいます。

たしかに、「我が心鑒《かがみ》に匪ず、以て茹るべからず」という詩には、そのような風刺めいたものを感じます。つまり、自分の心は鏡ではないのだから、他人の心を推し量ることはできないという意味です。まさに自分勝手な判断をしている相手への風刺になっています。

もちろんこれは詩の一部分だけに着目した場合の話ですが、こんなふうに都合のよい一句だけを取り出して用いることを「断章取義《だんしょうしゅぎ》」といいます。詩に由来する格言が多いのは、この断章取義が盛んに行われてきたからにほかなりません。

『書経』――古代中国の政治史

編者（孔子?）、刊行年（不明）

『書経』はもともと『書』と呼ばれていたのですが、漢代には『尚書』と呼ばれ、それが宋代以降『書経』と呼ばれるようになりました。尚書の尚とは上を意味し、書は王の記録ですから、古代の公文書を表しています。

作者は夏、殷、周の官吏で、それを孔子がまとめたといわれています。ただ、『書経』の成立には議論があり、「今文尚書」「古文尚書」「偽古文尚書」の三種類からなっています。「今文尚書」とはもともと存在するものです。これに対して「古文尚書」とは、後に孔子の旧宅を取り壊す際に出てきたものです。「偽古文尚書」は東晋時代に付け加えられたものです。その意味で、厳密にいうと「偽古文尚書」の部分は除くべきだとする見解もあります。

また、体裁の面では、君主の家臣に対する言葉「誥《こう》」、家臣の君主に対する言葉「謨《ぼ》」、君主が民衆に対する宣誓の言葉「誓」、君主の命令の言葉「命」、重要な歴史的事件の概要が書かれた「典」などの区分があります。

内容的には、虞書、夏書、商書、周書の四つに分かれており、堯舜の時代から秦までの政治や出来事について書かれています。その点で、古代中国の歴史を知るうえで貴重な史料になっているといえます。

たとえば、「明を明にし、側陋《そくろう》をも揚げよ」とあります。これは堯の言葉で、明らかな地位についている人でも、いいところがあればさらに明らかな地位に引き上げ、たとえ側陋、つまり低い身分のものであっても、徳があれば引き上げよという意味です。堯が、身分にかかわらず、徳があれば評価すべきだと考えていたことがよくわかります。

あるいは、「嘉言《かげん》伏《ふく》する攸《ところ》罔《な》し」もそうです。こちらは舜の言葉ですが、よい言葉があれば、その言葉が隠れてしまっているような状態をつくってはいけないという意味です。**つまり、よい言葉は、身分を問わず誰のものであっても取り上げるべきだというわけです。**舜もまたよい政治を行っていたことが伝わってきます。

『易経』――占いの教科書

著者（八卦は伏羲、六十四卦は神農、卦辞は周の文王、爻辞は周公、伝は孔子？）、刊行年（不明）

『易経』の易とは、もとは卜筮《ぼくぜい》のことです。卜というのが亀の甲羅や動物の肩甲骨に入ったヒビの形から占うもので、筮というのが植物の茎の本数で占うものです。そうした占いの卜辞を集めたものが『易経』でした。それが人間処世のための教訓として用いられるようになったのです。その中心思想は、陰陽二つの対立と統合によって森羅万象の変化の法則を説くものです。

構成としては、本文である経と、その注釈、解説である伝からなります。経は上経と下経の二つに分かれます。経は線や点線のような爻《こう》で表現されており、基本の八卦を組み合わせて作った六十四卦と呼ばれる占いの基本図象で構成されています。その64個の一つひとつの項目には、卦辞《かじ》という占いの文句が書かれており、その各々にさらに六つの爻があり、そこにもそれぞれ爻辞《こうじ》という占い文句が書いてあります。

これに対して、伝のほうは十翼とも呼ばれるとおり、10部から成っています。つまり、「彖伝《たんでん》の上」、「彖伝の下」、「象伝《しょうでん》の上」、「象伝の下」、「繋辞伝《けいじでん》の上」、「繋辞伝の下」、「文言伝」、「説卦伝」、「序卦伝《じょかでん》」、「雑卦伝《ざつかでん》」の10個です。

『易経』の作者は複雑で、八卦を作ったのが伏羲、六十四卦を作ったのが神農、卦辞は周の文王の作、爻辞は周公の作とされています。また、伝は孔子の作であるといわれます。

読み方としては、まず卦辞を確認し、その次にサブカテゴリーとしての爻辞を確認するという見方をします。そうすると、そこには占いの結果とともに、必ず何らかの教訓が示されています。この教訓の部分が、他の占いと思想書としての『易経』との大きな違いです。

たとえば、「潜竜、用うる勿れ」という卦辞が出たとします。潜竜はこれから頭角を現す人の意です。したがって、全体としては、**いつか大成をしようと思っている人は、心身の修養をはかるのが先で、まだ力を出してはいけないという意味になります。**ここには占いの結果として、慌ててはいけないという教訓が示されているわけです。

『左氏伝』——春秋時代の思想家の姿を伝える歴史書

著者（左丘明？）、刊行年（戦国時代中期頃？）

『左氏伝』は、五経の一つ『春秋』の一部です。『春秋』は魯国の史記をもとに作られた書で、三伝からなっています。その一つが『春秋左氏伝』、つまりここで紹介する『左氏伝』（『左伝』とも略される）です。作者は諸説あるものの、『論語』に登場する左丘明であるとされています。内容的には、**春秋時代の思想家たちの姿を今に伝える貴重な歴史書だといっていいでしょう。**

もともと『春秋』は、魯の隠公から哀公にわたる12公240年の出来事を編年体でまとめたものなのですが、現存しているのは、その解説書として編まれた『公羊伝《くようでん》』、『穀梁伝《こくりようでん》』、『左氏伝《さしでん》』のみです。私たちは、これら三伝を通して『春秋』を知ることができるだけです。本来、伝とは基本の学問である経を補足する解説書として、そこで書かれていないことを説明することが目的となっているのですが、歴史書の解説という性質上、無関係な記述も多く含まれているようです。

たとえば『左氏伝』で歴史を伝える言葉には、次のようなものがあります。「鼎《かなえ》の軽重、未だ問うべからざるなり」。直接的には、鼎の軽重は、まだ問うべきではないという意味です。実はこれは、楚子が天子になろうとする野心から、衰えつつある周の国の王室に伝わる鼎の話をした際の逸話です。この楚子の言葉に対し、周王の使いの王孫満が、まだ天命も改まっていないのに天下をうかがうべきではないと、野望をくじいたといいます。

戦国時代の戦々恐々とした状況と、そこで役割を果たそうとする賢人たちの日常がひしひしと伝わってくる言葉です。他方で『左氏伝』には、「宅を是れトするに非ず。唯だ隣を是れトす」といった、一見歴史とは関係のないような記述もあります。これは、家を建てるときに占いをするのは、その住居そのものを良くするためではなく、むしろ近隣の吉凶を知るためだという意味です。

もちろん、こうした記述によって当時の風習を知ることはできます。その意味では、むしろ風習を通じて当時の歴史を伝えようとしていたと理解したほうがいいのかもしれません。

『礼記』──中国最古のマナーブック

編者（戴聖）、刊行年（前漢時代）

『礼記《らいき》』もまた五経の一つとして重要な書ですが、ここには周末から漢代に至る古礼に関する儒家の解説が記載されています。礼に関する理論や記録の解説ですから、これによって当時の社会や制度、習俗をよく知ることができます。

形式としては、漢代にすでに存在した古礼214篇を戴徳《たいとく》という人物が85篇にまとめたものが「大戴礼」、その甥である戴聖《たいせい》がさらにそれを49篇にまとめたものが「小戴礼」と呼ばれます。今日伝えられている『礼記』はこの「小戴礼」です。

分類としては、通論、制度、明堂陰陽記、喪服、世子法、子法、祭祀、吉礼、吉事等に分けられますが、長年かけて集められたものなので、時代の違いが原因で、各項目の内容に矛盾が見られるようです。

内容については、具体例を見ていきましょう。たとえば、礼について触れた言葉、「礼は節を踰《こ》えず」。**礼儀というものは、節度を越えてはいけないということです。つ**

まり慇懃無礼はいけないという戒めです。

あるいは、当時の風習がわかる次の言葉はどうでしょう。「喪ある者の側に食らうときは、未だ嘗て飽かず」。喪に服している人のそばでは、決して腹いっぱい食べてはいけないということです。

これらは、現代日本の風習にも通じるものですが、中にはそれと大きく異なるものもあります。たとえば、「八十の者は五豆、九十の者は六豆なるは、老を養うことを明らかにする所以なり」。豆というのはご馳走を載せる高坏のことです。したがって、年をとった人にほど、より多くのご馳走を出すのが敬老の証だというわけです。

現代日本なら、きっと食べられないだろうからと、少なくしてしまいがちです。まったく逆の発想であることに注意が必要です。

『老子』――現代人を癒す知の清涼剤

著者(老子?)、刊行年(不明)

『老子』は、全部で五千字ちょっとの文字を81章に分けた箴言スタイルの思想書です。一般に著者は老子とされていますが、老子自身の実在性にも疑義があり、その意味でよくわかっていません。ただ、『老子』という書物が秦末から存在するのは事実なので、むしろそこで説かれている教えに目を向けることが重要です。

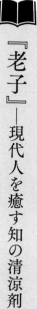

『老子』は別名を『道徳経』というように、道と徳について説くものです。道家という名称もこの道から来ています。道自体は儒家も論じているのですが、その場合の道は、社会規範を表しています。これに対して『老子』における道は、万物の根源を意味するものです。

万物の根源である道から、こうあるべきという徳が説かれているわけです。具体的に見ていきましょう。まずは老子の根本思想が表現されている一節からです。「無名は天地の始めなり」。万物の根源である名のないもの、つまり道が、天地の始めであり、万物の母であるという意味です。

あるいは、「有の以て利を為すのは、無の以て用を為せばなり」。「有」というものが世の中に利益をもたらすのは、それに先立って「無」というものが役に立っているからだという意味です。このように、老子の思想では有よりも無を重視する点で、西洋哲学の根本思想と正反対のものであるといえます。西洋では有のほうが無よりも役立つと考えますから。

こうした基本思想のもと、『老子』には生き方としての徳が説かれています。「為して恃《たの》まず」はその典型といえます。**つまり、自分がいかに大きな仕事をしても、それを鼻にかけてはいけないということです。**この前に出すぎない生き方の勧めが、『老子』の特徴です。

「善行は轍迹《てっせき》なし」もその一つです。最もよい歩き方は、歩いた跡を残さないことだという意味です。足跡を残そうとやっきになっている現代人にとっては、なんとも心の落ち着く清涼剤のような言葉です。きっとこの癒しの言葉の数々が、疲れた現代人の心をとらえて離さないのでしょう。

『荘子』——疲れ果てた人に捧ぐ究極の達観論

著者（荘子）、刊行年（不明）

『荘子』は内篇77、外篇15、雑篇11の計33篇からなっています。このうち内篇のみ荘子自身の手によって書かれたもので、残りは後の時代の人たちによってまとめられたものだとされています。

荘子は老子の強い影響を受けていますが、その記述は老子よりも饒舌で、比喩寓話に富んでいます。また、内容面でも大きな違いがあります。それは、『老子』のように現実の中でいかに肩肘を張らずに生きていくかを説くというよりは、むしろ達観した人生観を披露している点です。

たとえば、「鷦鷯《さざい》、森林に巣くえども、一枝に過ぎず。偃鼠《えんそ》、河に飲めども、満腹に過ぎず」のように。これは、ミソサザイは深い森の中に巣をつくるけれど、その巣を宿すのはたった一枝にすぎない。また、ドブネズミは、あの満々たる黄河の水を飲むといっても、たかが小さな体の腹いっぱい飲むだけのことだという意味です。

なかなか比喩寓話に富んだ箴言です。しかも、どんなに欲張っても、私たちの得られるものなどたかが知れているという達観を示しています。**荘子の特徴はこのように物事を相対化し、人間の悩みがいかにちっぽけなものであるかを知らしめてくれるところにあります。**

それをストレートに示しているのが次の一節です。「天地は一指なり、万物は一馬なり」。これは、天地万物、宇宙空間のすべてのものは、一本の指、一頭の馬と同じで一体である。そこには何の差別もないという意味です。つまり、指はどの指も同じ、馬もどの馬も同じで、この世のものの間には是非善悪についてさえ区別はないとする相対論です。

この世のものが何もかも同じだというのは、たしかに老子を超えた究極の達観論だといえます。でも、だからこそ効き目があるのでしょう。老子でもまだ物足りないという究極に疲れ果てた人にお勧めです。

『韓非子』――中国版「リーダー論」

著者（韓非）、刊行年（不明）

『韓非子《かんぴし》』は、法家の理論を集大成したもので、全55篇からなっています。著者は荀子に影響を受けた法家の韓非。もともとこの書は『韓子』と呼ばれていたのが、唐の韓愈と区別するために、後の時代になって『韓非子』と称されるようになったようです。

法による統治術を説くその思想は、秦の始皇帝の目にとまり、実際に採用されるに至ります。あの秦の始皇帝に、「寡人此の人を見て之れと游ぶを得ば、死すとも恨みず」、つまりこの人とつき合えれば死んでもいいとまでいわしめたほどです。

その内容も始皇帝ごのみの厳しいものです。たとえば、「賞罰信ならず、故に士民死せざるなり」という一節のように。これは、賞罰が厳正に行われていないから、民は君子のために一命を投げ出そうとしないのだという意味です。

あるいは、「虎の能く狗を服する所以の者は、爪牙なり」。虎が犬を服従させることができるのは、爪があり、牙があるからだという意味です。つまり、君子も刑罰という武器がないときちんと統治することができないといいたいわけです。

法というよりも君主のあり方を示しているように聞こえますが、それもそのはず、**『韓非子』はマキャベリの『君主論』と比較され、「東の韓非子、西のマキャベリ」と称されるほどなのです。**

現に、君主の心得についてもかなり論じています。「臣に蔵《ぞう》して、府庫に蔵せず」とか、「好みを去り悪みを去れば、群臣、素を見わす」のように。前者は、聖人の政治はよい民を多く持つことであって、欲張って政府の蔵を富でいっぱいにすることではないという意味です。そして後者は、下の者たちが迎合するから、君主は自分の好き嫌いを表に出してはいけない。そういうものを隠してはじめて、下の者は本心を見せるという意味です。

西洋社会でリーダーたちがマキャベリの『君主論』を実践しているように、中国のリーダーたちも『韓非子』を実践しているはずですから、彼らの帝王学をよく知っておかなければなりません。

『史記』――執念の歴史物語

著者（司馬遷）、刊行年（紀元前91年頃）

『史記』は、前漢の武帝の時代に司馬遷によって編纂された中国の歴史書です。二十四ある正史の第一に数えています。皇帝の年代記である「本紀」12巻、年表などの「表」10巻、礼楽や制度などを記した「書」8巻、春秋戦国や漢の王族などの興亡を記した「世家」30巻、人物の伝記である「列伝」70巻から成っています。このように本紀に始まり列伝に終わる体裁を「紀伝体」と呼び、以後の正史の編纂に踏襲されていきます。

『史記』の構想自体は、司馬遷の父である司馬談が既に持っていましたが、司馬談は自らの歴史書を完成させる前に憤死してしまいます。そこで、司馬遷は父の遺言を受けて『史記』の作成を継続したのです。ところが、司馬遷は、匈奴に投降した友人の李陵を弁護したため武帝の怒りを買い、獄につながれて宮刑に処せられます。このことが逆に司馬遷の心に火を着け、出獄後この大著を完成させるに至ります。

その一部を紹介しましょう。たとえば、「木猴《もっこう》にして冠す」。猿が人間の衣冠を着るという意味ですが、ここではつまらぬ人間がうわべだけを飾ることを揶揄しています。実はこれは楚の項羽を罵った言葉です。

あるいは、「暴を以て暴に易え、其の非を知らず」。暴力的で道理に反することをする者を排除しようとして、自分もまた同じことをして道に背いていることに気付いていないという意味です。これは、殷の紂王を討伐しようとする周の武王のことを非難したものです。

その他**『史記』には、多くの故事成語や諺のもとになった記述がたくさんあります。**「夜、漢の軍の四面みな楚歌するを聞き、項王すなわち大いに驚きて曰く」は四面楚歌のもとになった箇所ですし、「寧ろ鶏口と為るとも牛後と為る勿れ」は鶏口牛後のもとになった一節です。

歴史を重んじる国、中国の、その第一の正史であるだけに、中国とかかわりを持つすべてのビジネスパーソン必読の書だといえます。もっとも、あまりに大部なので、入門書などで著名な箇所だけでも押さえておくといいでしょう。

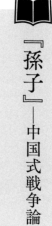

『孫子』──中国式戦争論

著者（孫武）、刊行年（不明）

『孫子』は、春秋時代の軍事思想家孫武による兵法の本です。中国の七大兵法古典といわれる武経七書の中で最も有名なものだといっていいでしょう。『孫子』のほかには、『呉子』、『尉繚子《うつりょうし》』、『六韜《りくとう》』、『三略』、『司馬法』、『李衛公問対《りえいこうもんたい》』があります。『孫子』が世に出る前は、戦争の勝敗などというものは天運に左右されると考えられていました。ところが、自らも軍師であった孫武が、戦争の記録をつぶさに研究し、むしろ勝敗は人為によることを突き止めます。それを理論として提示したのが『孫子』だったのです。

内容は、以下の13篇です。つまり、戦争を決断する前に考慮すべき内容について論じた「計篇」、戦争の準備計画について論じた「作戦篇」、戦闘をすることなく勝利を収める方法について論じた「謀攻篇」、攻撃と守備それぞれの態勢について論じた「形篇」、軍勢の勢いについて論じた「勢篇」、戦争においていかに主導性を発揮するかについて論じた「虚実篇」、敵軍の機先をいかに制するか論じた「軍争篇」、戦局の変化に臨機応変に対応するための手立てについて論じた「九変篇」、軍を進める上での注意事項について論じた「行軍篇」、地形によって戦術を変更することを論じた「地形篇」、地勢に応じた戦術について論じた「九地篇」、火攻め戦術について論じた「火攻篇」、敵情偵察の重要性について論じた「用間篇」です。

孫子はただ戦に勝てばいいとは考えておらず、いかにして戦わずして勝つかを指南しようとしていたのです。それは次の一節を見るとよくわかります。「兵は国の大事なり。死生の地、存亡の道、察せざるべからず」。これは、戦争は国の一大事であって、民が生きるか死ぬか、国が亡びるかどうかを左右する。だから慎重に考えなければならないという意味です。

どんな戦であっても、またいつの時代の戦であっても、犠牲は出したくないものです。だからこそ『孫子』の兵法は世界中のビジネスパーソンが今なお参考にしているのです。

『三国志』――天下の取り方マニュアル

著者（陳寿）、刊行年（200年代？）

『三国志』は、後漢末期から三国時代にかけて、魏、呉、蜀の三国が群雄割拠していた時代の興亡史です。『史記』、『漢書』、『後漢書』と並んで前四史と呼ばれます。撰者は西晋の史家、陳寿で、「魏志」30巻、「呉志」20巻、「蜀志」15巻からなります。

ちなみに日本史で、「魏志倭人伝」に卑弥呼の話が出てくると学びますが、この「魏志倭人伝」というのは、「魏志」のうちの倭人について書かれた部分ということです。

『三国志』では、三国のうち魏こそが後漢から晋へとつながる正統な王朝であるとして史実を厳密に記載していますが、本当はこの時代は中国の歴史の中でも最もダイナミズムに富んだものです。

そこでこの正史に加え、明代には羅貫中《らかんちゅう》という作家が、これを『三国志演義』として物語化しました。そのため『三国志』はより面白い読み物として、日本を含む世界中に広がっていきました。

もちろん『三国志演義』は物語ですから、すべてが真実というわけではありません。一般には「七分事実、三分虚構」といわれています。一番大きな違いは、正史が三つの国を公平に扱っているのに対して、物語のほうでは魏の曹操を悪玉、蜀の劉備や諸葛亮を善玉として位置づけている点です。

その意味で、『三国志』を楽しむためには両方読むのがベストですが、より正確な歴史を知るためには正史に依拠する必要があるといえます。たとえば、「将たる者はまさに怯弱《だじゃく》の時あるべし。但に勇を恃むべからず」。これは「魏志」に記された魏の曹操の言葉です。**つまり、リーダーたるもの、時には臆病なほど慎重でなければならない。いたずらに勇敢ぶってはいけないということです。**

『三国志演義』では戦に強い悪玉として描かれていますが、正史ではこのように慎重なリーダーとして公平に記述がなされています。もちろん裸一貫で成り上がった曹操が戦に長けていたのは間違いありませんが。

『菜根譚』——バラエティに富んだ自己啓発書

著者（洪自誠）、刊行年（明代）

『菜根譚』は、明代末に洪自誠によって書かれたもので、前集と後集の二巻からなっています。日本には江戸時代に伝わり、中国というよりは日本で人気を博し、現代に至るまで読み継がれている随筆です。

菜根譚という書名は、朱熹の「小学」の中にある次の言葉に由来するといいます。「汪信民、嘗《か》って人は常に菜根を咬み得ば、則ち百事做《な》すべし、と言う」。つまり、菜根は堅くて筋が多いけれども、これをかみしめてこそものの真の味わいがわかるということです。あるいは、菜根とは粗末な食事の意で、譚とは話の意なので、大人物は貧しい生活の中から育つということを意味しているともいわれます。

内容的には、前集では人の交わりが説かれ、後集では自然と閑居の楽しみが説かれています。実は『菜根譚』は別名を「処世修養篇」というのですが、その名の通り全体として修養のための処世訓を、儒教、道教、仏教の三教一致の立場から説く思想書といっていいでしょう。

たとえば、「道徳に棲守《せいしゅ》する者は、一時に寂寞《せきばく》たり」。道徳を住まいとして固守している人は、一時的に貧しい生活を送ることもあるという意味です。つまり、権力におもねることなく、道徳的に生きていると、時にはつらいこともあるけれど、きっと日の目をみるはずだという教えです。いかにも儒家の教えの影響を感じます。

かと思うと、「足るを知る者には仙境にして、足るを知らざる者には凡境なり」のように、道家の影響を感じる一節もあります。**心の満足を知っている人は、どんな境遇でも幸せに感じるけれども、心の満足を知らない人は、どんなに幸せでもそれを幸せには感じないということです。**

さらに仏教の影響を感じさせるこんな表現もあります。「生の必ず死するを知れば、則ち生を保つの道、必ずしも過労せず」。生きているものは必ず死ぬということを本当に悟れば、生きるためにことさらに心を労する必要はないという意味です。このように『菜根譚』は、まさに三教の融合したバラエティに富んだ自己啓発書であるといえます。

『三民主義』──中国に近代化をもたらした革命スローガン

著者（孫文）、刊行年（1924年）

『三民主義』とは、孫文が発表した中国革命の基本理論をまとめて出版したものです。内容的には、文字通り三つの「民」、つまり民族主義、民権主義、民生主義を統一した思想です。当時、国民党の基本綱領として採用され、中華民国憲法にその趣旨が記載されています。

孫文は民主的でかつ近代的な中国を建設すべく、変革の理論を構築しようと努めてきました。そして現実に寄り添う形で、その理論を発展させていったのです。したがって、一口に三民主義といっても、三つの段階に分けることができます。第一期は三民主義の形成期、第二期は部分的に発展した時期、第三期は思想としての確立期です。

そうして確立した三民主義は、おおむね次のようにまとめることができるでしょう。まず民族主義です。これは三つの中でも一番中心になるもので、満州族である清王朝を打倒して民族の独立を目指すということです。外国勢力に抵抗するために、国内民族の団結の必要性を訴えかけたわけです。

次に民権主義は、近代民主主義を実現するための理論だといえます。主権在民思想を根幹とし、立憲共和制を確立しようとしました。ここで孫文は、独自の五権分立による民主主義システムを提案します。五権とは、司法・立法・行政の三権に、官吏の採用制度である考試と、官吏の監察制度としての監察の二権を加えたものです。

これに対して民生主義とは、資本主義経済制度の矛盾をあらかじめ防止する社会政策のことで、「地権の平均」と「資本の節制」の二つが柱になっています。経済的な不平等を改善するために、大土地所有や私的独占資本を制限して、農民への土地の再分配を行うとするものです。

これら三つの主義は、当初順番に達成すべきものとされていましたが、最終的には民主主義革命を遂行するにあたって、三つが同時に実践されなければならないと主張するようになります。

『矛盾論』──中国革命のバイブル

著者（毛沢東）、刊行年（1937年）

『矛盾論』は、中国革命を成功させ、中華人民共和国をつくった毛沢東によって書かれたものです。その意味で、中国革命のバイブルといってもいいでしょう。『矛盾論』は、当時中国共産党の指導者であった毛沢東が、延安の抗日政治大学で行なった講演がもとになっています。1937年、日中戦争勃発の最中、マルクス＝レーニン主義を、再度歴史の生きたプロセスに投げ込むという意図のもとに『実践論』が発表されます。その直後に、『実践論』をより思想的に練り上げたものとして発表されたのが『矛盾論』です。

マルクス＝レーニン主義においては、互いに対立するもの同士が闘争と統一を繰り返すことで物事が発展していくという図式が描かれていたのですが、毛沢東はここから発展の要素を取り除き、「矛盾があらゆる事物の発展過程のなかに存在する」と断定します。**つまり、終めから終わりまで、常に矛盾の運動が存在するというわけです。**

そして「戦争における攻守、進退、勝敗はみな矛盾した現象である」と述べるとき、『矛盾論』はマルクス＝レーニン主義を戦争のための思想へと転化させることになるのです。

もっとも、『矛盾論』において対立の基礎となる「敵対」の概念は、意外にもその一要素にすぎないとされている点に注意が必要です。これは当時の中国にとっての敵対である日本を想定すればよくわかります。毛沢東は、もっと大きな総体的矛盾の中で日本をとらえ、抗日戦争を戦っていたということです。いわば目の前の敵は、もっと大きな問題と対峙するための一つのとっかかりにすぎないのです。

このように考えると、**いまだ影響力を持つ毛沢東主義が、このグローバル化する社会における中国の動向を読み解く際にもヒントになってきます。**中国は周辺国との対立を、もっと大きなグローバル社会の矛盾の一部としてしかとらえていないのかもしれません。

第4章

中国哲学の必須人物

中国の賢人たちが
考えてきたこと

孔子
［紀元前５５２年－紀元前４７９年］　中国哲学の父

孔子は、春秋時代の思想家、儒家の始祖。魯国の出身で、身分制秩序の再編と仁道政治を主張しました。弟子たちは儒家の教団を作り、諸子百家の時代、最大の勢力になります。そして彼らは、師である孔子の言葉を『論語』にまとめて出版しました。

孔子の死後も、孟子や荀子といった儒家やその影響を受けた多くの思想家が登場し、後漢の時代にはついに儒教として国教化されるに至ります。**以後、儒教は常に中国思想の根幹になっています。**

ただ、中華人民共和国では、文化大革命の際、批《ひ》林《りん》批《ひ》孔《こう》運動という孔子を批判する運動を展開しました。これによって孔子は一時的に封建主義を広めた悪人というレッテルを貼られます。

その後名誉を回復した孔子は、孔子平和賞に見られるように、現代中国においても国家をまとめるための精神的支柱として権威であり続けています。

孟子 ［紀元前372年？－紀元前289年］ 性善説の生みの親

孟子は戦国時代の儒学者。儒教では孔子に次いで重要な人物であり、「孔孟の教え」とも称されます。その言行をまとめた書『孟子』では性善説を主張し、仁義による王道政治を理想としました。

ただ、戦乱の世にあって、孟子の理想に過ぎる思想は、いずれの諸侯からも非現実的であるとして退けられてしまいます。そこで、やむなく学問と教育に尽力したわけです。

孟子の性善説は、人間にはもともと善の芽が備わっており、その芽をきちんと育てることで有徳な人間になるとする思想です。だからこそ環境の大切さを説いたのです。

孟子には教育熱心だった母親のエピソードがいくつかあります。たとえば、息子にとって最善の教育環境を求めて三度も居を移したという「孟《もう》母《ぼ》三《さん》遷《せん》」もその一つです。これが事実がどうかは別として、あたかも孟子の性善説に影響を与えたかのように語り継がれています。

荀子 ［紀元前313年？―紀元前238年以降］ 性悪説の生みの親

荀子は、戦国時代末の儒学者。斉の襄王に仕え、斉が諸国から集めた学者たちの長である「祭酒」という職に任ぜられます。晩年には楚の蘭陵県の長官にまで上り詰めます。

なぜ荀子は君主たちに好まれたかというと、彼の思想が現実主義だったからです。それは理想主義の孟子と正反対に、性悪説の立場をとったことからも明らかです。人間の本性は悪だからこそ、礼による強制が必要だと説いたのです。

このような形での礼の重視こそ、彼を孔子や孟子とは異なるタイプの儒家として特徴づけるものです。もともと孔子は道徳による政治、つまり徳治主義を強調したのですが、荀子はむしろ社会規範としての礼を重視する礼治主義を唱えました。

背景には、ますます混乱を極めていた戦国時代の現実があります。そうして彼の門下から法を重視する法家が誕生していくのです。

墨子

［生没年不詳、紀元前450年－紀元前390頃？］

異端の思想家

墨子は、戦国時代の思想家。墨家の始祖。生誕地は魯のようですが、墨子の生涯については詳しいことはわかっていません。司馬遷の『史記』に、恐らく墨子は春秋戦国時代の宋の国の高官であったと記されている程度です。

最初は儒学を学んでいたようですが、独自の学問をもとに墨家集団を形成するに至ります。まとまった集団を形成した諸子百家は儒家とこの墨家くらいなのですが、秦帝国成立とともに衰退してしまいました。

その思想は多岐にわたっており、「十論」というスローガンが有名です。特にその中でもよく知られているのは、**一切の差別が無い博愛主義「兼愛」、そして侵略戦争を否定する「非攻」です。**

とはいえ、戦うことそのものを否定したわけではなく、侵略された弱小国を救うために、自ら戦闘集団を組織したりもしました。その城を守りぬく能力の高さは、堅い守りを意味する「墨守」の語源になっているほどです。

老子 ［生没年不詳］ 伝説の癒し系仙人

老子は、春秋戦国時代の思想家。道家の始祖。後の時代に興った道教では、老子を神聖視して教祖に位置づけています。老子という呼び名は、偉大な人物を意味する尊称です。その来歴については不明な点が多く、実在性を疑問視する声もあります。

老子は長く周の国で過ごしましたが、国の衰えを悟ると、その地を去ることを決めます。そして老子が国境の関所に着くと、ある役人が自分に教えを書いてくれるように頼みました。その頼みに応じて書いたのが、『老子』（『道徳経』）だといわれています。もっとも、この著書さえも別の人物の手になるものである可能性が高いといわれています。

老子の教えの特徴は、儒家のアンチテーゼとして仁義などの道徳を否定して、逆に自然を意味する「道」の存在を説く点にあります。自然の道が機能しているうちは、仁義の徳など不要だということです。

荘子

［紀元前369年？－紀元前286年？］

達観した運命肯定論者

荘子は、戦国時代の道家の思想家。荘子の伝記もあまり知られていません。ただ、『史記』によると、寓話を用いた巧みな文章で他の学派を論破し、奔放な発言を繰り返していたようです。

そのため、王公に声をかけられることは少なかったといいます。もっとも、楚の威王に宰相にならないかと声をかけられたときも、世俗を嫌う道家らしく、自ら誘いを断ったそうです。

荘子の思想は『荘子』から窺い知ることができます。基本的に彼もまた老子と同じく無為自然を説き、人為を否定します。その点で、老子の思想と合わせて老荘思想と称されますが、**荘子の思想のほうがより徹底した達観主義だといえます**。一言でいうと、運命に抗っても仕方がないとする運命肯定論だといっていいでしょう。

孫武　［紀元前535年？－没年不詳］　天才戦略家

孫武は、春秋時代の武将、軍事思想家。兵家の代表的人物。よく知られた名称「孫子」は、彼の尊称であり、兵法に関する著書のタイトルでもあります。

孫武は『孫子』を読んだ呉王に将軍として採用され、自らの思想を実践します。そして見事成果を収めて呉を強国にのし上がらせたことで、世間に名を知られるようになりました。

『孫子』で論じられた「戦わずして勝つ」ための短期決戦主義や情報収集の重要性などは、毛沢東をはじめ後の時代の軍事指導者にも大きな影響を与えたといわれます。

また軍事研究のテキストとしてだけでなく、『孫子』は『論語』と並んで現代ビジネスパーソンにも必須の書となっており、生き方やビジネス戦略のための自己啓発書として読まれています。

韓非

［紀元前２８０年？－紀元前２３３年］

中国における法治社会の父

韓非は、戦国時代の思想家で、法家の代表的人物。著書『韓非子』は、もともと『韓子』と呼ばれていたのですが、唐代の詩人韓愈《かんゆ》を韓子と呼ぶようになったことから、『韓非子』という名称が一般化していきました。韓非子はまた尊称でもあります。

韓非は、後に秦の宰相となった李斯《りし》とともに荀子に学んだとされます。荀子の礼による強制を一歩進めることで、「法治主義」を唱えるに至るのです。ただ、残念ながら韓非はあまりにも有能であったため、李斯のねたみを買い、事実無根の汚名を着せられて自殺に追い込まれてしまいます。

その思想は法家の代表らしく、**徹底して道徳に対する法の優位を説くものです**。当時の国家はもはや道徳だけでは統治できなくなっていました。そこで韓非は、国家を合理的に統治するための方法として法治主義を唱えたのです。そしてその思想は実際に秦の始皇帝によって採用されることとなります。

董仲舒

［紀元前１７６年？－紀元前１０４年？］

儒教国教化の立役者

董仲舒《とうちゅうじょ》は、前漢時代の儒学者。武帝が賢良対策、つまり知恵のある者を見出そうとした際、董仲舒は儒家以外の諸子百家を排して儒学を国家教学にするよう提案し、採用されます。

これによって、儒教の主要な経典である五経の専門家職、五経博士が設置され、博士がそれぞれの専門とする経学を教授することになります。また、徳があって儒学を修めていれば誰でも官吏任用のチャンスがある「孝廉」の選挙制度が設けられ、民間人にも官吏になれる道が開けました。**以後、官吏を目指す者は皆、儒学の教養を身につけることが求められるようになります。**

董仲舒は、自らも博士として多くの弟子を持ちました。あの『史記』の執筆者司馬遷も教えを受けたといいます。ただ、官吏としては不遇で、自ら唱えた災異説のせいで死罪になりそうになったり、左遷されたりします。それでも朝廷は、何か大きな問題が起こるたび、使者を派遣して董仲舒に意見を求めたといいます。

鳩摩羅什 ［344年－413年］

中国仏教発展のセットアッパー

鳩摩羅什《くまらじゅう》は、現在の新疆ウイグル自治区出身の西域僧。後秦の時代に長安にやって来て、多くの仏典を漢訳し、仏教の普及に貢献した訳経僧です。唐の時代に、『西遊記』のモデルともなる三蔵法師玄奘《げんじょう》が現れますが、三蔵法師とは経蔵、律蔵、論蔵という三蔵に精通した僧侶を意味する尊称であって、**鳩摩羅什が最初の三蔵法師です。**

鳩摩羅什の翻訳に関しては、一部創作や意訳があるとの指摘があるものの、玄奘と共に二大訳聖と称されたり、あるいは真諦と不空金剛を含めて四大訳経家と称されるほど、大きな功績を残しています。たとえば、主な訳出経典に『大品般若経』や『妙法蓮華経』などがよく知られています。

なお、鳩摩羅什以前にも仏典の翻訳はなされていました。それを古訳と呼びます。そして鳩摩羅什の訳経を旧訳、玄奘の訳を新訳と呼びます。

司馬遷 ［紀元前145/135年？－紀元前87/86年？］ 中国史の語り部

司馬遷は、前漢時代の歴史家。『史記』の著者として有名な人物です。また、太初暦の制定にも携わったといいます。

もともとは歴史家であった太史令の父司馬談が史書編纂《へんさん》をするつもりだったのですが、果たせないままに終わってしまいます。そこで、その意を受けて司馬遷が同じく太史令として『史記』の執筆にとりかかったのです。

ところが、漢将李陵の匈奴《きょうど》降伏に際して、李陵を擁護したために宮刑に処されるという屈辱に遭います。それにもかかわらず、『史記』執筆は自らの使命と心得、出獄後も執筆を続け、見事完成させました。

そうして完成した『史記』は、全130巻、紀伝体の通史で、**単なる事実を記載した歴史書としてだけでなく、文学作品としても高い評価を得ています。**私たちはその人間ドラマに魅了されるのです。

朱熹 ［1130年－1200年］ もう一人の中国哲学の父

朱熹は、南宋の儒学者。朱子学の創始者。朱子は彼の尊称です。朱熹は地方官僚として9年ほど勤めますが、中央政庁に身を置いたのはわずか40日間だけと、官僚政治家としては不遇な生涯を送ります。

他方で朱熹は、学者としては大きな功績を残しています。**彼は、自己と社会は理という普遍的原理で結ばれており、自己修養による理の把握によって社会秩序を維持することができると説きました。**

宇宙の根本原理である「理」と物質を形成する原理である「気」によって万物の成立を説明する「理気二元論」を説く朱子学の体系は、その後の中国において儒学の主流となります。日本でも江戸幕府における公認の学問として採用されました。

著書も多数あり、なかでも四書に対する注釈である『四書集注』は、科挙受験のための主要なテキストとして参照され続けます。

陸九淵 ［1139年－1193年］ 心の哲学の父

陸九淵《りくきゅうえん》は、南宋の儒学者、官僚。またの名を陸象山といいます。朱熹の論敵としてその名を知られています。友人の思想家呂祖謙は、立場の異なる朱熹と陸九淵を調停することで儒学のさらなる隆盛を計ろうと、講学会を催します。

これが世に「鵝湖の会」と呼ばれる歴史的な対談です。結局、両者の溝は埋まるどころか、逆に違いが明確になったのですが、思想界全体の発展には大きな意義がありました。

そんな陸九淵の思想は、「心即理」という言葉で特徴づけられます。朱子学では心を性と情、いわば理性と感情に分け、性こそが理であるとする「性即理」を唱えるのに対して、陸九淵は、心そのものが理であると唱えたのです。

陸九淵自身は明確な師弟関係を持ちませんでしたが、その学問の流れは脈々と受け継がれ、やがて明代に至って王守仁へと受け継がれて、「陸王学」あるいは「心学」と呼ばれ一大潮流を築くことになります。

王守仁［1472年－1529年］ 中国哲学最後のアンチテーゼ

王守仁は、明代の儒学者、官僚、武将。陽明学の祖。またの名を王陽明といいます。王守仁は、陸九淵の思想を発展させて、事物の理は自分の心をおいてないとする「心即理」を唱えました。そして朱子学を批判し、読書のみによって理に到達することはできないとして、**仕事や日常生活の中での実践を通して心に理をもとめる陽明学を起こしました。**これが知識イコール実践と唱える知行合一の思想です。

この知行を実践する主体としての良知が、十分に能力を発揮することこそ学問の意義にほかならないと考えるのが、致良知の思想です。

王守仁は、自分の心に理を求めたり、自己の中にある判断力を求めることは、全ての人に可能なことであるから、「満街の人すべて聖人」ととらえ、儒学を広く庶民の学問に押し広げることに貢献しました。なお、武将としても優れ、三度の軍事行動は「三征」と呼ばれて語り継がれているほどです。

梁啓超［1873年？－1929年］海外を伝えたジャーナリスト

梁啓超は、清末民初の政治家、ジャーナリスト。梁啓超は医療ミスがきっかけで比較的早く亡くなっているのですが、多くの著作を残しています。また、一時期日本に亡命していた際には、東学つまり日本のレンズを通した西洋の学問を積極的に中国に紹介しました。

梁啓超は政治の仕組みとして「立憲政治」の確立を主張していたことで知られます。もっとも、基本的にはナショナリズムを掲げており、自ら創刊した『新民叢書』などに、民を新たにして国民意識を高めよと訴えかける「新民説」や、集団としての国民の歴史「新史学」の必要性を訴えました。

この梁啓超の活躍により、1920年から30年代にかけて、伝統的な学問を国家の美点として幅広く学ぶ国学は最盛期を迎えます。

孫文
［１８６６年―１９２５年］ 革命の父

孫文は、政治家・革命家。初代中華民国臨時大総統。辛亥革命を成功させ、「中国革命の父」と呼ばれています。また、中華民国（台湾）だけでなく、中華人民共和国でも「国父」の名で尊敬される数少ない人物だといえます。

医師として開業していましたが、ハワイで救国のための興中会を結成して以降、革命に生涯を捧げます。辛亥革命によって初代中華民国臨時大総統に就任するも、帝政が復活して以後は、亡命生活を続けながら再度の革命を目指します。

孫文の唱えた三民主義は、共和国家建設のための革命理論として高い評価を得ていますが、本人は再度革命の火を見ることなく、「革命いまだ成らず」という言葉を残してこの世を去ります。それでも思想家としての孫文の足跡は、中国哲学の歴史に深く刻まれているといっていいでしょう。

魯迅 ［1881年－1936年］ 革命の文学者

魯迅は、中華民国の小説家、思想家。本名は周樹人。魯迅は清朝末期に生を受け、中華民国の成立、袁世凱による帝政の復活という激動期に身を置き、その時代と格闘しながら思索を続けました。

その中で魯迅は、20代の7年余りを留学生として日本で過ごしています。当時中国人であるがゆえに差別され、味わった屈辱が、中国人の精神を啓蒙するというモチーフにつながっています。そして、**内に向かって自らの内面と対決することこそ革命であるとの認識のもと、『狂人日記』を発表するに至ります。**

その他毛沢東も高く評価した『阿Q正伝』をはじめ、多くの作品を発表し、中国近代文学の礎を築きあげます。魯迅の作品は中国だけでなく、世界中で愛読されており、日本では国語の教科書にも登場するほどです。

毛沢東 [1893年－1976年] 中国共産党の父

毛沢東は、中華人民共和国の政治家、思想家。中国共産党の創立党員の一人で、日中戦争後の国共内戦では蒋介石率いる中華民国を台湾に追いやり、中華人民共和国を建国しました。

思想家としては、「実践論」や「矛盾論」といった優れた論考によって毛沢東思想を確立しますが、マルクス＝レーニン主義を中国社会に導入しようとして行った政策は功罪半ばしています。

とりわけ、**彼が引き起こした大躍進政策と文化大革命のような文化的経済的損失については、本人が誤りを認めた後も、中国社会に大きな傷跡を残す結果となりました。**ただ、それでもなお死後毛沢東は神格化され、彼の肖像画は中華人民共和国を象徴する天安門広場に飾られています。

鄧小平 ［1904年－1997年］ 経済大国中国の父

鄧小平は、中華人民共和国の政治家。毛沢東の死後、その後継者である華国鋒から実権を奪い、以後長年にわたり中華人民共和国の事実上の最高指導者であり続けます。ただ、文化大革命期には毛沢東から走資派と目され、二度失脚した経験を持ちます。

その後中央政治に復帰すると、文化大革命によって疲弊した国家の再建に取り組み始めます。そして、**社会主義経済の下で市場経済の導入を図るため、「改革開放」政策を打ち出しました。**

具体的には、経済特区を設置し、一部地域に限り外資の導入を認めることで経済成長を目指すというものです。生産力の増大を第一に考えるその政策は、「白猫であれ黒猫であれ、鼠を捕るのが良い猫である」という「白猫黒猫論」に象徴されています。

鄧小平の死後も、彼が唱えた社会主義市場経済の理論は、鄧小平理論として中国共産党の指導思想に残されています。

汪暉［1959年—］　現代中国のグローバルな思想家

汪《おう》暉《き》は現代中国の思想家。清華大学人文社会科学学院教授。もともとは魯迅の文学研究をしていましたが、そこから思想史研究に重点を移します。さらに天安門事件をきっかけに、**現代中国の問題点をグローバルな視点で問うスタイル**を確立し、論壇に登場します。

以後、新左派と呼ばれ、米国コロンビア大学や東京大学で客員教授を務めるなど、国際舞台でも広く活躍する批判的知識人となっています。

また、学術雑誌「読書」の編集長をはじめ、幅広い言論活動を行っています。著書も多く、『絶望への反抗』『真実とユートピア』『思想空間としての現代中国』『世界史のなかの中国 文革・琉球・チベット』、『汪暉自選集』などがあります。

2005年10月から半年間東京大学で行った講義がもとになった評論集『思想空間としての現代中国』は、現時点での汪暉のまとまった考えを知るための最適の邦訳テキストになっています。

第5章

中国哲学の必須用語

思考ツールとして役立つ中国の言葉

自然

Point あるがままを表現

物事や人間が、他のものに依存することなく、それ自身の働きによって存在すること。道家が、「物事が自ら変化する」という意味の思想用語として用い始めました。たとえば老子は、「私が無為であれば、民は自分で変化する」という表現をしていますが、**この場合の自分で変化するというのが自然にほかなりません。**その後、自然は他の諸子百家にも用いられるようになります。

自然を初めて本格的に主題に据えて論じたのは王充です。彼は天が世界を支配していると考える「天人相関説」に反して、世界のあり方を自然としてとらえました。それゆえすべては運任せとなってしまったのです。

宋代になると、自然は天や理を説明する概念として用いられるようになります。たとえば、「天とは自然の理である」というように。また、自然は人の道徳的本性としてもとらえられるようになります。

ところが明末には、欲望もまた自然であるとされるようになったことで、自然という語の中に含まれる道徳と欲望の二つの側面をどう解するかが問題になります。これについて正面から論じたのが、清代中期の戴震です。彼は、欲望が道徳に合致するようにすることではじめて、自然は完成すると説きました。

最後に、中国仏教における二つの自然の意味についても触れておきます。一つは、因果応報の必然性という意味です。行為があって、それによって自然に結果が生じるというわけです。もう一つは、逆に因果を否定する形で用いられるものです。自然とは、因縁と異なり、行為なくして結果が生じるものだという考え方です。

いずれにしても、自然という語は中国哲学の中で、様々な思想において重要な概念として論じられてきたといっていいでしょう。

現代中国を理解するためのヒント

どちらかというと西洋の人為に比べ、中国では自然に物事が成ることを重視しているように思えるのは、こうした自然の概念によるものだといえそうです。

心

Point 人間の本質

心は春秋戦国時代から議論されてきた重要な概念です。たとえば性善説を唱えた孟子は、心を生まれながらにして備わっている倫理的なものとしてとらえました。つまり、人間にもともと備わっている善の芽、いわゆる四端のことです。この意味での**心は良心**と言い換えることもできます。

これに対して性悪説を唱えた荀子は、心を生得的なものととらえる点は同じなのですが、それは決して良心ではなく、礼儀という作為を生み出す価値の源泉として位置づけたのです。いわば**心が自分をコントロールする**という発想です。

道家もまた心について論じています。たとえば荘子は、身体は枯れ木のように、心は冷えきった灰のようになるのが理想だといいます。つまり、**心の平静を保つべきだ**ということです。仏教で心のあり方を探究したのは、やはり禅宗でしょう。禅宗にとって、一般に心は無にする対象です。つまり、**本来清浄であるはずの心から、妄想**

や執着を取り除くことこそが目的とされたのです。それは心がそのまま仏であるとする「即心是仏」のような言葉にもよく表れています。

宋代になると、儒教を探究する士大夫思想家にとって、心は一大テーマとなります。そこにまず明確な答えを出したのが、朱熹でした。朱熹は、仏教のように即心是仏としてしまうと、歪みを持った心をも正しいととらえることになるので、むしろ性＝理と心とを厳密に分けることを主張しました。そうして**性＝理によって心をコントロールする必要性**を訴えたのです。

これに対して陸九淵は、宇宙の理と心が一体をなすという「心即理」を唱え、性と心が同じであることを説きました。明代の王守仁はその考えを受け継ぎ、**人間の心には常に正しい理の判断力である良知が存在**しており、これこそ心であるとする説を唱えるに至りました。

現代中国を理解するためのヒント

西洋では心が理性を意味することは当然のこととされますが、やはり中国では感情の持つ意味が大きいようです。だから中国人は感情を大事にするのです。

天人相関説

Point 支配者を制御するための知恵

天人相関説とは、儒教で主張される教義の一つで、天と人とに密接な関係があり、相互に影響を与えあっているという思想です。古くは殷の時代の上帝や周の時代の天の観念にさかのぼります。人間や国家は天がつくったものであると考えられていたのです。

こうした発想がもととなって、前漢の儒学者董仲舒が、森羅万象と人の営みには密接な関係があると説くようになります。たとえば、1年の月数は人体の12節に対応しており、また五行は主要な内臓である五臓に、昼夜は覚醒と睡眠に対応すると論じました。そして、人体は全宇宙の縮図にして小宇宙であると主張したのです。

とりわけ董仲舒は、君主との関係において天人相関説を説きました。つまり、君主を道徳の視点から評価するという点、天が君主に警告を発するという点、天が災害や怪異をもたらすという点です。ここから皇帝の暴政を抑制するために唱えられたのが災異説でした。皇帝の統治が天文、自然などの諸現象に結果となって現れるとされたのです。したがって、皇帝が悪政を行えば大火や水害、地震、彗星の飛来などをもたらし、善政を行えば瑞獣の出現など様々な吉兆として現れると考えられました。

これによって、天変地異や疫病流行などの災害を防ぐべく、君主は善政を布くことが模範として求められ、特別に行うそれらの施策は「徳政」と呼ばれます。

皇帝がこのような思想を信じたのは、もともと皇帝の権力が天からの命に基づくという信仰、受命説が背景にあったからです。受命した皇帝は、**天に代わってその意志に従った政治を行うべきことを自覚していたのです。**

もっとも、時代を経るにつれ天人相関説は俗信と化し、占いの域を出なくなります。後漢の王充や唐の柳宗元のように、人と自然現象は無関係であるという批判さえ出てきます。

現代中国を理解するためのヒント

現代社会において、中国の人たちが民主主義で選んだわけでもない支配者に服することができるのは、権力が天の命によるものであるという発想の影響かもしれません。

命

Point

天から与えられた運命

もともと西周時代に統治の原理として天命の観念が生じ、それが個人の運命を意味する語へと広がっていきました。したがって、最初は専ら天からの命令という意味で使われていたわけですが、諸子百家の思想家たちはそれを多様に解釈していきます。

大きく分けると、吉凶禍福に代表される運命としての「命」と、道徳的な本性という内在的な「命」の二つの側面が論じられています。たとえば『論語』では死生は天命の定めるところであるとして、運命の意味に重点が置かれています。あるいは『礼記』では、「天の命ずる、これを性という」のように、絶対的に善である天が人間をつくったのだから、天からの命であるところの道徳的本性は善であるという記述がなされています。

後漢の『孝経援神契』では、三命説が唱えられます。寿命など本来の性である「受命」、善因悪果の「遭命」、善因善果の「随命」の三つがあるというのです。ただ、現実の世の中は善因善果とはいえません。それをうまく説明したのが、仏教の因果応報や輪廻転生の概念です。つまり、あの世や来世まで考慮に入れると、必ず善因善果になるという説明です。

その後、宋代に朱熹が、命とは天の業を君から臣への命令になぞらえた比喩だと説き、この考え方が清代まで影響力を持つことになります。ただ朱熹は、そうした命が万人に同じように与えられるものではなく、人によって様々な形をとるとしました。

だからこそ、才能の差や貧富の差などが生じるのです。では、なぜ人は命に反して、賢くなったり、お金持ちになったりできるのでしょうか？　それは、**先天的に命として与えられた素質があって、それを後天的に変化させることができるからだ**といいます。その意味では、運命は変えられるのではなく、むしろもともと与えられたものを開花できるかどうかだという話になってきます。

現代中国を理解するためのヒント

命の影響か、中国人は割とすんなり運命を受け入れる傾向にあるように思います。そうでなかったら、あれだけの大きな国が一つにまとまるのは難しいでしょう。

四書五経

Point 儒教の全科目

四書五経とは、儒教の文献の中で特に重要とされる四書と五経の総称です。四書は「論語」「大学」「中庸」「孟子」を指しており、五経は「易経」「書経」「詩経」「礼記」「春秋」を指しています。

四書五経と呼ぶものの、本来は五経のほうが歴史が古く、基本経典であるといえます。ちなみに、「経」とは縦糸の意で、布を織る際の最も基本的で変わらない部分を象徴しています。孔子以前から存在する文献もあるのですが、孔子の手を経て確立されていったといわれています。五経とまとめて称されるようになったのは、前漢の武帝の時代に五経博士という専門家を制度として設置してからです。

五経には、儒家たちがつけた注釈「伝」があり、むしろそちらのほうが重視されることもあります。実際、唐の時代に『五経正義』として五経に対して国家公認の解釈がなされて以降は、伝を含む『周易』『尚書』『毛詩』『礼記』『春秋左氏伝』の五つが基本文献として定着しています。

他方、四書のほうは、儒教の基本文献のうち『大学』『中庸』『論語』『孟子』の四つの書物を総称したもののことです。南宋の朱熹が、『礼記』中の「大学」「中庸」を単独の書物として独立させ、『論語』及び『孟子』と合わせて四書としたのです。そしてこれを五経に入る前の入門書として位置づけました。朱熹は『大学』『論語』『孟子』『中庸』の順番で学ぶように説いています。

なお、朱熹がこの四書に注釈をつけた『四書集注』は当時儒学を学ぶ人たちにとって、最も重要な書物となっていました。こうして宋後期以降は、**朱子学の隆盛とともに、四書のほうが五経よりも重視されるようになります**。そして科挙の科目にも指定され、「四書五経」と併称されるまでに至ったわけです。

現代中国を理解するためのヒント

さすがに今は『四書五経』を皆が学んでいるわけではありませんが、政府の役人でもビジネスパーソンでも、教養のある人は皆こうした儒教のテキストから言葉を引いてきます。

性善説と性悪説

Point 信頼関係の基礎

性善説とは人間の本性は善であるとする説で、反対に、性悪説は人間の本性は悪であるとする説です。性というのは、天性、つまり天が人間に命じ与えた本質のことです。その意味では、天は善に決まっているので、性善説が正しいように思われます。

そこで、孟子は、**あらゆる人に善の兆しが先天的に備わっていると説きました。**ここでいう善の兆しとは、善の萌芽のようなものです。孟子は人間には四つの萌芽があるとして、これを四端の心と呼びました。つまり、他者の苦境を見過ごせない憐れみの心である「惻隠の心」、不正を羞恥する心である「羞悪の心」、謙譲の心である「辞譲の心」、善悪を分別する心である「是非の心」の四つです。

そして修養を通じてこれら善の萌芽を育て、仁・義・礼・智という四つの徳を開花させることで聖人あるいは君子へと至ることができるとしたのです。ところが、現実の社会においては悪が横行しています。これをどう説明するかが問題となるのです。

これに対して孟子は、もともと備わった善性をきちんと育まないからそうなるのだと答えました。ここにおいて、善を育むための教育の必要性が叫ばれます。

他方性悪説は、孟子の性善説に反対して荀子が唱えたものです。もっとも、**この場合の悪とは、人間は弱い存在だという意味であることに注意が必要です**。弱い存在である人間が悪事に手を染めないようにするためにこそ、礼による教化が求められるのです。

もちろん、どちらが正しいかという決着が明確についたわけではありません。ただ、歴史的には荀子の影響を受けて法家が誕生したものの、中国哲学において大きな影響を誇り続けた儒教の流れの中では、孟子の性善説が優勢であったようです。その意味で、中国の人たちは性善説に立つ人が多いのかもしれません。

現代中国を理解するためのヒント

中国の人たちは、罰則付きの契約書よりも、人と人との信頼関係を重視します。その背景には性善説があるといえるでしょう。ただし、中国で信頼関係を築くのは容易ではありません。

陰陽五行説

Point 世界を分析するためのマッピングツール

陰陽とは、森羅万象や宇宙のあらゆる事物をさまざまな観点から陰と陽の二つのカテゴリーに分類する思想のことです。陰と陽とは互いに対立する属性を持った二つの気であり、万物の生成消滅といった変化は、この二気によってもたらされると考えます。このような陰陽に基づいた思想や学説を、陰陽思想あるいは陰陽説といいます。

なお、陰陽思想は善悪二元論ではない点に注意が必要です。陽は善ではなく、陰は悪ではありません。陰と陽は物事の二つの側面に過ぎず、両方あってはじめて事物を構成する要素となりうるのです。

他方、五行説とは自然哲学の思想のことで、万物は木・火・土・金・水の5種類の元素からなると考えます。そして、この5種類の元素は互いに影響を与え合い、それによって天地万物が変化し、循環するといいます。

陰陽五行説というのは、これら陰陽思想と五行説が戦国時代末期に結びついて一体化したものです。陰陽思想と五行説とが組み合わさることで、より複雑な事象の説明がなされるようになりました。

陰陽五行説で有名なのは、戦国時代後期の陰陽家鄒衍《すうえん》です。鄒衍は、５つの気が循環する形で、歴代王朝が興亡を繰り返すと説きました。そして、周王朝が衰退し、新王朝が到来することを五行説に基づいて説明したのです。これは五徳終始説と呼ばれています。

この陰陽五行説は、政治だけにとどまらず、あらゆる物事の分析ツールに利用されてきました。その際西洋であれば、対象となる物事だけを切り取って観察するということが多いのに対して、**陰陽五行説では、世界全体を視野に入れてその関連性を探ろうとするところに特徴があるといえます。**

現代中国を理解するためのヒント

陰陽五行説は、今でも東洋医学や占いの基礎になっているだけでなく、中国の人たちにとっては、ＤＮＡのように刷り込まれた独自の分析ツールであるといっていいでしょう。

風水

Point 繁栄の羅針盤

風水とは、都市、住居、墳墓などの位置をどのように決めるか、吉凶禍福を占うために用いられてきた仕組みのことです。このうち、風水では都市や住居を陽宅、墳墓を陰宅と呼んでいます。なお、風水の別名を堪輿あるいは地理といいます。

風水は、その手法に基づいて大きく二つの流派に分かれています。一つは地形を重視する形法風水、もう一つは方位を重視する理法風水です。形法風水では、大地の中を流れる生気がたまる場所に都市や建物を建造するのがよいとします。そうすることで繁栄すると考えるからです。他方、理法風水では、個々人の生まれ年によって決定される吉方と悪方によって、方位や位置が決まるとします。

風水の歴史は古く、その起源は殷・周時代の亀甲占いにあるとされます。この時期は都城を建設する場所について、地形を観察すると同時に占いによって決めていたわけです。前漢から後漢にかけては、住宅の吉凶が占われたり、タブーが形成されたりして、後の理法風水の原型がつくられていきます。

六朝、隋・唐の時代になると、陽宅や陰宅に関する風水術の手法も確立され、風水の古典とされる『葬書』が登場します。宋代には朱熹が風水に理解を示したことから、風水は思想的な後ろ盾を得ることができました。

さらに磁石が発明された関係で、方位を測定する羅針盤が使用されるようにもなり、風水はますます広く庶民に広がっていきます。以後、元の時代を除き、風水に関しては多くの書物が出版され、現代に至るまで中国の文化として続いています。

現代中国を理解するためのヒント

中国の人たちは今でも家を建てたり、会社をつくったりするときに風水を重視しています。中国の繁栄は風水のおかげなのかもしれません。

易姓革命

Point

トップを交替させる方便

易姓革命とは、王朝が交替することをいいます。『易経』にある「天地革まりて四時成る。湯武革命し、天に順いて人に応ず。革の時は大いなるかな」という一説に由来するようです。

易姓とは文字通り姓を易える、つまり変えるという意味です。中国では昔から、一つの国家は一つの姓を持った人物が治めるという発想があるため、姓が変わるということは、すなわち王朝が変わることを意味したのです。

また、革命というのは、天命が革たまる、つまり改まることをいいます。中国では、天が自分の代わりに王に地上を治めさせていると考えます。したがって、**徳を失った王にはもはや地上を治めさせるべきではないと判断すれば、新たな天命が下るというわけです。これが革命の意味です。**

ただし、革命には二種類あります。天命を悟って、王自らが位を譲る禅譲と、武力によって追放されてしまう放伐です。前者の例として、堯舜の交替があります。堯は中国古代の伝説の聖天子で、有徳者として知られています。その堯が不肖の息子に代えて、同じく有徳者と誉れ高い舜に帝位を禅譲したのです。これは儒教を重んじる中国社会において模範的な出来事とされています。

もっとも、このような例はまれで、実際には禅譲の形をとっていても、半ば体裁を保つために強制的に行われるような例が多かったといいます。その意味で、易姓革命論は実体としては王朝交代を正当化する理論として機能していたようです。

現代でも中国では、政治やビジネスの世界においてトップが失脚するような場合に、易姓革命を引いて、徳がなかったからだというようなことがいわれたりします。

現代中国を理解するためのヒント

中国では今でも徳のないリーダーを差し替えるための方便として易姓革命の概念が引用されます。逆にいうと、人事にはうまくこの概念を使えばいいのです。

万物斉同

Point 達観主義の根源

万物斉同とは、荘子の思想の根幹にある概念で、万物は道の観点からみればすべて価値的に等しいという主張です。このことを示すために、まず荘子は物事の真理をいかにしてとらえるべきか問います。

ここで一般的に分けるということは、物事を分ける、つまり二分して分析することなので、人為によるものだと考えます。しかし、たとえば自分がいる場所をここ、いない場所をあそことすると、自分が移動することでここととあそこが入れ替わってしまいます。つまり、こうした区別は人間に対してのみ存在する相対的なものにすぎないというわけです。

そして、同じことが善悪という価値についても当てはまるといいます。人間にとって善か悪かということがいえるだけで、立場が変われればそれもまた入れ替わるのです。人間にとっての善である狩りが、動物にとっては悪になるように。

このように、**人間という限定された立場を離れることで、世界は二元的に対立するものではなく、斉しくて同じ一つのものになる。**これが万物斉同の発想にほかなりません。こうした発想をするためには、物事を二つに分けて考えようとする人為を取り払い、無為を求める必要があります。

ただし、この場合の無とは有と区別されるものではない点に注意がいります。なぜなら、無と有を区別するとまた二元的な対立を認めることになってしまうからです。むしろこの無は有をも包み込む無限であると解釈すべきなのです。

無限であれば、相対的な区別は不要です。そして荘子は、こうした無限こそが道であると理解するのです。その意味で、人間はもはや何に逆らっても仕方ないということになります。すべては一つに収束する。言い換えると、運命には逆らえないのです。中国人のおおらかさは万物斉同の達観から来ているのかもしれません。

現代中国を理解するためのヒント

中国の人が大雑把な性格に思えたり、なんでも無尽蔵にあるようにとらえている感じがするのは、こうした万物斉同に起因する気質なのかもしれません。

経学

Point

儒教の王道

経学とは、儒教の経典である経書の解釈を中心とする学問のことです。前漢の武帝期に儒学の国教化に際して、董仲舒が始めたものです。このとき『詩』『書』『礼』『易』『春秋』の五経を基本経典とし、それぞれの専門家として五経博士を設置しました。そうして国定解釈の制定を進めたのです。

ところが前漢末になると、孔子の旧宅から「古文経伝」が出現し、それまで今文で書かれていたものとの内容の違いから、両者それぞれを支持する人たちの間で対立が生じます。これによって経学は、古文学と今文学に分かれてしばらく論争を繰り広げます。そして光武帝のとき、今文学が採用されたため、それ以降、後漢では今文学が優勢となりました。最終的には、後漢末の思想家鄭玄《じょうげん》が両者を総合したことで、彼の経学が権威となります。

隋・唐の時代になると、経学は『五経正義』という形で国家公認の解釈のもとに固定化していきます。これは唐の太宗が儒家思想を整理するために命じた一大事業でした。そうして『五経正義』は科挙の試験の基準になっていきます。

問題は、こうした国家公認の解釈が定着したことで、学問としての経学が停滞を余儀なくされたことです。経学の解釈が再び議論の対象となるには、宋代まで待たなければなりませんでした。宋代には、たとえば王安石が、『周礼』『書経』『詩経』の三つの注釈書をつくって、普及させます。これらは『三経新義』と呼ばれます。

経学が最後に盛んに論じられたのは、清朝の始めに、「清初の三大家」と呼ばれる顧炎武《こえんぶ》、黄宗羲《こうそうぎ》、王夫之《おうふうし》ら明の遺臣たちが、清朝に抵抗するために、経書解釈に回帰した時期です。**彼らは皆、経書の学問から得たものを社会に適用しようとする「経世致用」を唱えました。**清末になると、経学は他の学問も取り込みながら、中国固有の「国学」として発展解消していくことになります。

現代中国を理解するためのヒント

中国の人たちに、数多いる中国の思想家の中で誰がナンバーワンかと聞くと、やはり孔子だと答えます。その意味で、経学こそが今なお中国人の精神的支柱なのです。

朱子学

Point
儒学のバージョンアップ

朱子学とは、南宋の朱熹によって創始された儒教の新しい体系をいいます。朱熹は北宋の程頤の思想の流れにあるため程朱学とも称されます。あるいは聖人の道を標榜した学でもあることから道学と呼ばれたり、理の概念に核心があったことから理学と呼ばれたりもします。

朱熹は、自己と社会、自己と宇宙は、理という普遍的原理によって結ばれているとして、自己の修養（修己）と士人としての社会的働きかけ（治人）との統合を計りました。その意味で朱子学は、**社会的責任を担う士人の生き方を説く実践理論であるといってもいいでしょう。**

朱熹の説く「理」とは形而上のものであるのに対して、「気」は形而下のものなので、両者はまったく別の物だとされます。ただ、互いに単独では存在することができないという点で一体のものととらえるわけです。これが理気二元論です。

　この理気二元論から、「性即理」という実践論が導かれます。性即理の性とは心が静かな状態であって、この性に戻ることこそが修己の内容であるとされます。その方法が「居敬窮理《きょけいきゅうり》」にほかなりません。居敬の心構えで、万物の理を窮めた果てに究極的な知識に達し、理そのもののような人間になりきるということです。

　朱子学は、その目論見通り社会の統治を担う士大夫層の学として受け入れられますが、突然危険思想扱いされてしまいます。その後一転して、元代には科挙試験が準拠する経書解釈として国に認定され、ついに国家教学として認められるにいたります。

　江戸時代、日本において幕府公認の学問として朱子学が採用されたのは周知のとおりです。そのため日本では今なお儒学というと『論語』以外では朱子学を指す傾向があります。

現代中国を理解するためのヒント

　江戸幕府が朱子学を公認の学問にしたことを知っている中国人は、そのことに誇りを持っているようです。そのため、この話題は中国人と円滑な関係を築くきっかけになります。

陽明学

Point
実践する心の儒学

陽明学は、明代に王守仁こと王陽明がおこした儒教の一派です。朱子学と区別する際には心学あるいは陸王学とも呼ばれます。

朱子学は教養ある科挙官僚、士大夫に受け入れられることで、学問としてはかえって形骸化していきます。そこで、その道徳倫理を再生させようとしたのが陽明学でした。朱子学では、あらゆるものに道徳倫理である理が存在するとして、心の外にある理によって、心の内なる理を補完すべきだと訴えていました。

これに対して王守仁は、内なる理は完全であって、そもそも外の理を必要としないのではないかと疑問を呈しました。そして陸九淵の学に立ち帰り、それを発展させることで陽明学を完成させたのです。それを表現するのが、「心外の理はなく心外の物はない」という言葉です。つまり、**道徳的な実践主体として物事にかかわっていくことを求めたわけです**。王守仁は、こうした主体のあり方を「心即理」と呼び、本来その能力を誰もが本性として持つと唱えました。

実践を重んじる王守仁は、さらに朱熹の「知先行後」説に対して、知と行は分けられないとする「知行合一」説を提唱するに至ります。知ることと行うことは同じだと考えるため、行動しないのは、知らないのと同じだと主張したのです。

さらに晩年王守仁は、知行を実践する主体としての良知が、十分に能力を発揮することこそ学問の意義にほかならないとする「致良知」の思想を完成させます。これは修養の必要性を否定するものであり、いわば修養無しで誰でも聖人になれる道を開いたということができます。これによって陽明学は広く庶民層に広がっていきます。

その後陽明学派は、様々な形で発展していきますが、王守仁自身が学問の固定化を嫌ったこともあり、定まった分類はありません。日本にも伝えられ、江戸時代に中江藤樹やその門人熊沢蕃山が唱えたことで知られます。

現代中国を理解するためのヒント

中国人は日本人に比べて行動力があるように感じます。この行動することを重視する気質は、もしかしたら陽明学の知行合一に由来するのかもしれません。

仏教

Point 中国を育てた外来思想

仏教は周知のとおりインドで生まれた宗教ですが、中国に伝えられて独自の発展を遂げます。とりわけ、**もともとの仏教がこの世の生存を苦ととらえるのに対して、中国では現実を肯定する思想が根強いため、独自の形で受け入れられていきます。**

最初に仏教が中国に伝わったのは、漢の時代です。ただ、当時は仏典が漢訳される前でした。仏教の漢訳に功績があったのは、401年に中国にやってきた僧、鳩摩羅什《くまらじゅう》です。そうして漢訳が広がると、ようやく中身を研究する段階に入りました。

とはいえ、初期のころは、儒教や老荘思想などの用語を使って仏教が理解されていました。これを格義仏教といいます。格義仏教は、仏教を容易に理解するのには役立ちましたが、反対に仏教の内容を中国的理解にとどめてしまうという問題点もありました。

仏教の教理が本格的に研究され始めるのは、5世紀になってからです。それが隋・

唐の時代には天台宗と華厳宗という形でまとめられます。天台宗は心の内面の探究を重視するもので、その部分が手薄な中国思想にとっては、大きな影響を与えることとなります。他方、華厳宗はこの現実世界こそが仏の世界にほかならないとする理論を説くもので、これが唐王朝の現実世界の肯定へとつながります。

宋代以降は、天台宗や華厳宗のような理論仏教が衰退し、禅宗や浄土宗といった実践的な仏教が台頭します。ところが、中国の禅宗とは、現実を絶対的に肯定しようとする、仏教の皮をかぶった荘子の達観主義にほかなりませんでした。また、浄土宗も、中国思想にはなかった「あの世」にユートピアを求める思想として、広がっていきました。

その後、中国の仏教には大きな変革は見られませんでしたが、遣唐使を通じてそれが日本に伝えられ、鎌倉仏教などの革新的な仏教が誕生することになります。

現代中国を理解するためのヒント

もはや中国は仏教の国とはいえませんが、経済が減速する中、お金儲けへの執着から離れ、価値観を転換するために今また仏教が注目されているようです。

道教

Point

もう一つの心の安らぎ

道教は、漢民族の伝統的宗教です。儒教、仏教と合わせて中国三大宗教あるいは三教の一つとされます。もともとは後漢末の太平道と五斗米道に端を発するというのが、一般的な見方です。五斗米道は天師道とも呼ばれ、北魏の寇謙之がこれを継承発展させたのが道教です。道教は北魏の時代を含め、たびたび国教にもなっています。

唐の時代にも、皇帝が老子と同じ李という姓であったことから、老子を自らの祖先であると勝手に宣言したのです。これによって道教が他の宗教よりも優先される「道先仏後」あるいは「道先僧後」が起こりました。科挙でも『老子』が必須科目にされたほどです。

道教の教義の原型は、不老長寿の仙人になろうとする願いと、老荘思想の無為自然を目的とする道家思想にあります。そこに儒教や仏教の倫理、そして占いや五行思想、さらには迷信や医術までが融合して教義が出来上がっています。

仙人という観念は、中国においては古くからありますが、道教では道家のいう道と合一することで仙人になれると説いています。その道家の思想との関係については、やはり道の概念の吸収がポイントになります。道家の掲げる万物の根源としての道を、神の観念の中に取り入れたのです。そしてこの道との合一こそが究極の目的であるとされました。

また、道家の影響は、中心となる神にも関係してきます。それは老子を神格化した老君あるいは太上老君を神として位置づけたことです。もっとも、中心となる神は、後に宇宙の道を神格化した元始天尊や太上道君などに変化しています。

修行法としては、正しい倫理生活に加え、不老長寿を目的としているだけあって、五穀を食べない「辟穀《へきこく》」、宇宙の元気を取り込む呼吸法「道引」、瞑想に似た「存思」など特有のものが並びます。

現代中国を理解するためのヒント

今でも中国には多くの道教の信者がいます。それ以外にも文化の中にしみ込んでいるので、中国を理解するうえで、道教の知識は必須といえます。

三教一致

Point 中国社会を構成するトリロジー

三教とは、儒教、仏教、道教という中国における三大宗教のことです。したがって、三教一致とは、この三つの宗教の相互交流、融合を指します。三つの宗教が完全に融合して一つになったことはありませんが、中国哲学史上、三者は対立を繰り返しながらも、相互に交流し、時に同じような教えを説いていることが指摘されてきました。いくつかその例を紹介したいと思います。

東晋時代には、まだ仏教研究がそこまで進展していなかったため、老荘思想を媒介とした仏教が広がっていました。これを格義仏教といいます。格義とは仏教用語を老荘思想の言葉に置き換えて解釈することです。これによって儒教、老荘思想、仏教の一致、つまり三教一致が説かれるに至ります。

孫綽《そんしゃく》は三教一致を説いた最初の思想家です。彼は儒教の聖人を老荘思想的に解釈すると同時に、「聖人である周公・孔子は即ち仏であり、仏は即ち周公・孔子だ」として、儒教と仏教が一致するものであるという説を唱えました。

また、明の時代には、陽明学を唱えた王守仁の良知説が一定の枠組みにこだわらない柔軟なものであったがゆえに、儒、仏、道の三教の垣根が取り払われる傾向が見られます。それが明末に至って三教一致の思想として広がっていったのです。その典型が三教先生と呼ばれた林兆恩です。彼は、教えに違いはあっても道に違いはないという三一教を唱えています。

あるいは、「処世修養篇」とも呼ばれる『菜根譚』は、全体として修養のための処世訓を、儒、仏、道の三教一致の立場から説く思想書として知られています。この例からも分かるように、中国では割と宗教の種類を区別せずに、役立つものは取り入れるという発想があるように思われます。

現代中国を理解するためのヒント

中国人にとって、共産主義が表向きの精神的支柱だとすれば、儒、仏、道の三教は実質的な精神的支柱であるといっていいでしょう。それらが交じり合うことで今の中国を形作っています。

士大夫

Point

中国の牽引車

士大夫とは、儒学の教養と知識を身につけた知的支配層のことです。西周や春秋の時代には、諸侯をトップに、卿、大夫、士、民という身分階層がありました。春秋中期以降は、この民の中から、能力のある者は士として登用されるようになります。

その能力は礼、楽、射、御、書、数の六芸と呼ばれていたのですが、それを学ぶための学園が開かれていきます。孔子の開いた学園もその一つでした。このようにして士は自らの能力によって君主に仕えるようになります。

やがて、自ら修めた学問によって君主にアドバイスする士も登場します。そういう高い教養と意識を備えた士が、士大夫と呼ばれました。**彼らは、自己修養を通じて、国家を治めることを理想として掲げたのです。**これはまさに儒教の説くところと一致していました。だから士大夫たちはこぞって儒教を学んだのです。

漢王朝が衰退し始めると、士大夫たちの中には在野の知識人として活躍し始める者も出てきます。そして群雄割拠する混乱の時代に、群雄たちはそうした在野の知識人を軍師として迎え入れようとしたのです。『三国志』に出てくる諸葛亮もそうした一人でした。

その後隋が国土を統一し、官僚制度の改革のために科挙を導入すると、知識人イコール科挙の勉学に励む者という認識が生じ始めます。それが定着し、宋代あたりから官僚を目指して科挙の勉強に励む層という士大夫の定義が定まっていきます。彼らは読書人とも呼ばれました。

もっとも、すべての士大夫が中央で官僚になれるわけではなかったので、彼らは地方に活躍の場を求めるようになります。そうした人たちを郷紳といいます。科挙が廃止され、世の中が近代化してくると、士大夫も役割を終えます。ただ、その伝統的なエリート意識は今も中国の官僚の中に残っているといっていいでしょう。

現代中国を理解するためのヒント

官僚社会である中国では、政府の役人からエリート意識を感じ取ることができます。その背景には士大夫が尊敬されてきた歴史があるといっていいでしょう。

考証学

Point

壮大な学問見直し

考証学とは、清代に入って流行した学問であり、根拠を明示して論証する学問的態度のことです。その態度は、**事実のみに依拠して真理を追求するという意の「事実求是」、あるいは証拠がなければ採用しないという意の「無徴不信」という言葉に象徴されます。**いわばこれまでの学問を整理し、その正統性について検証する営みです。

中国哲学の歴史においては、春秋戦国時代に儒家の思想が誕生して以来、明に至るまで、自分自身の見解に基づいて自由に経書を解釈する性理の学が発達してきました。これに対して、経学を研究する際、その拠り所を古典に求めたのが考証学の始まりです。

考証学は明末に端を発し、清代に隆盛を迎えました。先駆的な思想家は、「清初の三大家」と呼ばれる顧炎武《こえんぶ》、黄宗義《こうそうぎ》、王夫之《おうふうし》ら明の遺臣たちです。彼らは、清朝に抵抗するために、経書解釈に回帰します。

以後、経学・史学の研究が隆盛となり、康熙・雍正・乾隆三代の学問奨励策と相まって、考証学は乾隆・嘉慶年間に全盛となります。そのためこの時代の考証学は、「乾嘉《けんか》の学」と呼ばれています。代表的な考証学者としては、閻若璩《えんじゃくきょ》、恵棟、戴震らが挙げられます。中でも、恵棟の系統を呉派、戴震の系統を皖派と呼び、考証学の二大潮流となっています。

考証学が精緻化するに伴って自己目的化していくと、それを憂いる方東樹の『漢学商兌』のような書物が登場し、むしろ朱子学と考証学を調和させようとする「漢宋兼采」が主流となっていきます。

もっとも、それによってすでになされた考証学の意義が失われてしまったわけではなく、その成果は近代中国の古典学である「国学」の基盤として生かされていきました。

現代中国を理解するためのヒント

大雑把だと揶揄されることのある中国人ですが、時折分析の鋭さに驚かされることがあります。もしかしたら考証学の伝統が関係しているのかもしれません。

文化大革命

Point 血生臭い負の遺産

文化大革命、通称文革とは、中華人民共和国で1966年から1976年まで続いた社会的騒乱のことです。正式には、プロレタリア文化大革命といいます。

表向きは、新しく社会主義文化を創生するという改革運動だったのですが、実態は、**大躍進政策の失敗によって失脚した毛沢東が、民衆を扇動して政敵を攻撃させ、自らの復権を画策した権力闘争にすぎませんでした。**にもかかわらず、これによって知識人をはじめ多くの人民が損害を被り、国内の大混乱と経済の深刻な停滞、文化の破壊をもたらしました。

特に問題だったのは、学生によって組織された紅衛兵の存在です。毛沢東の腹心の林彪副主席は、紅衛兵らに反革命勢力の批判や打倒を扇動しました。これによって反革命分子とみなされた人たちは皆、毛沢東を崇拝する熱狂した紅衛兵の攻撃と迫害の対象となり、組織的・暴力的な吊るし上げが中国全土で横行しました。また、旧文化の象徴とみなされた貴重な文化財も破壊されてしまいました。

結局、紅衛兵の暴走はもはや毛沢東にすら制御不能となり、ついに彼は上山下郷運動、いわゆる下放を提唱し、都市の紅衛兵を地方農村に送りこむことで収拾を図ろうとしたのです。林彪は事故死しますが、その後も江青、張春橋、姚文元、王洪文の「四人組」を中心として、文革は継続されます。

最終的に1976年に毛沢東が死去し、直後に四人組が失脚してようやく終息を見ました。もっとも、中国の人々は、文革がもたらした負の遺産を40年以上たった今なお引きずっているといわれています。

現代中国を理解するためのヒント

文化大革命にいいことは一つもありませんが、ただそれが文学や映画のモチーフとなって、今なお中国の芸術を高めていることだけはたしかです。

新儒学

Point

新たな中国の模索

新儒家とは、従来の儒学を西洋哲学との関係のなかで現代的に解釈する思想家のことです。現代の中国語圏において新たな潮流となっています。

中国語では「当代新儒学」というため、これをそのまま訳すと「現代新儒学」となります。たしかに朱子学も新儒学（Neo-Confucianism）と呼ばれることがあるので、別の呼称のほうがいいようにも思いますが、英語でNew Confucianismと呼ばれていることから、日本では新儒学の名称が通用しています。

新儒家の思想内容は多岐にわたりますが、まず挙げるべきは新儒家の創始者と目される熊十力の思想です。彼が1932年に発表した『新唯識論』は、近代中国における初めての独創的な形而上学の試みであるという点で、記念碑的な作品となっています。

そしてなんといっても新儒家の名を世界に知らしめたのは、1958年に発表された「新儒家宣言」であるといっていいでしょう。そこでは共産党の支配を嫌って香港に逃れた四人の思想家、張君勱《ちようくんばい》、唐君毅、牟宗三《ぼうそうさん》、徐復観が、中国文化のために世界の人々に告ぐとして、中国文化の再建の必要性を訴えています。

これが何を意味しているのかについては、朝倉友海著『「東アジアに哲学はない」のか？』が的確に指摘しています。つまり、儒家が唱える中国文化の再建というと、いかにも封建的な道徳を訴える反動的なものに聞こえてしまいますが、新儒家たちの真意はそこにはなく、むしろ人を解き放つための道徳を取り戻すという主張なのです。

だからこそ彼らは、共産主義への政治的批判と、批判的思考の追求によって、中国思想を再建しようと立ち上がったのです。その意味で、新たな道を模索する新儒家の思想には、新たな中国を生み出す潜在性が秘められているといっても過言ではないでしょう。

現代中国を理解するためのヒント

同じ中国圏でも、中国大陸においては新儒学は共産主義批判の部分が表に出ていないようです。そのため新儒学を知っている人もまだまだ少ないといえます。

第6章

中国哲学の歴史

中国の知の歩みを押さえる

春秋戦国と秦——中国哲学の誕生

ナビゲーション

今から2千数百年前、春秋戦国時代の中国では、群雄が割拠し、諸侯が天下統一のために軍師や国造りのためのアドバイザーを求めたことから、諸子百家と呼ばれる多くの思想家集団が現れました。まさに中国哲学誕生の時代です。後の中国史に大きな影響を及ぼすことになる孔子を始祖とする儒家もその一つでした。

春秋戦国時代とは、紀元前722年から紀元前481年ころまでの春秋時代と、それに続く紀元前221年の秦の国家統一までの戦国時代を指します。この間中国は、周王朝の衰退に伴い、非常に混乱した状況にありました。数多くの封建諸国がしのぎを削り、理想の国家建設のために競い合っていました。

その競争のために、各地から思想家が招かれたのです。これがきっかけで、後に「諸子百家」と呼ばれることになるたくさんの思想集団と思想家が誕生しました。いわばこの時期は中国思想のビッグバンのようなもので、この時期に誕生した数多くの思想集団が、後の中国思想史において様々な形で発展していくことになります。

もっとも、思想集団とはいっても、実際に集団として活動していたのは儒家と墨家だけのようです。中でも**儒家は、かの孔子を始祖とする学派で、儒家思想は長い中国の歴史において終始重要な役割を果たしてきました。その影響は現代に至るまで続いています。**春秋戦国時代に活躍した儒家の思想家としては、孔子のほかに性善説で有名な孟子や性悪説で有名な荀子を挙げることができます。

儒家の思想を一言でまとめるのは難しいですが、習慣としての「礼」、そして道徳の基礎としての「孝」、思いやりとしての「徳」である「仁」がその中心にあることは間違いないでしょう。そのエッセンスは、孔子の言葉を弟子たちがまとめた『論語』の中にちりばめられています。徳を重視する日本の優れた経営者たちが、こぞって『論語』を愛読するのもよくわかります。

他方、墨家の思想は墨子によって創始されます。墨子は世の中の乱れを他者への愛の欠如に見出します。そこで、自己への愛と他者への愛を区別しない「兼愛」を説きました。さらにその延長線上に侵略戦争を否定する「非攻」を唱えたのです。

また、儒家のライバルといってもいいのが、道家です。日本ではタオの思想として知られています。タオとは道のことです。老子とその少し後に出てきた荘子によって確立された学派で、合わせて老荘思想と呼ばれています。

老子の思想は宇宙の根源や世界の生成について論じたもので、現実社会の道徳を説く儒家とはある意味で対極にあるといってもいいでしょう。世界の根源に「道」という概念が存在し、そこから万物が生成されてきたと説きます。そうして、「道」に従って生きる「無為自然」を説いたのです。**あくせく生きることに疲れた現代人に人気の思想です。**

それから、ある意味でビジネスパーソンからの評価が最も高いといっていいのが兵家の思想です。代表的なのは孫子です。**ビジネスの戦略にも通じる戦略論『孫子』に記された兵法は、時代を超えた普遍性を持ち備えているようです。**

このほか、諸子百家の中には、万物を構成する要素の組み合わせで事象分析を行う陰陽五行説に基づき、吉凶禍福を予測する陰陽家などがありました。日本にも平安時代以降、陰陽道という形で大きな影響を与えることになる思想です。

戦国時代の最後には、様々な学問の集大成ともいうべき『呂氏春秋』が呂不韋によってまとめられます。呂不韋自身は、諸子百家の思想をまとめて天下を統一する指針を生み出すつもりだったようですが、内容的にはただすべてが寄せ集められただけにとどまっているようです。

しかし、こうした動きはある種時代の必然だったのでしょう。時代が秦の統一へと向かうなかで、思想そのものも一つの方向に収束しようとしていたのです。つまり、その後現代まで続く儒家をメインストリームとする方向です。

さらに、戦国時代の末期には、道徳としての「礼」が機能不全を起こし始めます。そこで権力者たちは、規則を明文化して成文法をつくるようになったのです。その際求められたのが法家の思想でした。たとえば法家の商鞅が成し遂げた成文法による国家改革は、商鞅変法として有名です。

この改革によって、やがて秦は始皇帝のもとに中国を統一します。その始皇帝に高い評価を得ていたのが韓非子です。韓非子は信賞必罰主義を主張し、法治国家形成のための思想を説きました。しかし、他方で始皇帝は、悪名高き焚書坑儒によって、儒家の思想を世の中から封殺してしまいました。幸い始皇帝の死によって、わずか15年で秦が崩壊したことから、漢の時代になってすぐに儒家の思想は息を吹き返しました。ただ、これによって諸子百家の時代が終わりを告げたのはたしかです。

▼前漢・後漢──儒教の国教化

ナビゲーション

前漢と後漢の時代を通じて特筆すべきなのは、儒学が儒教という形で宗教化され、それが国教として採用されたという事実です。ここにおいて儒教は不動の地位を占めるようになります。また、今文学と古文学の論争、つまり文字の「古い・新しい」の違いに基づく儒学解釈の対立が出てきたことや、後の道教のもととなる諸宗教が登場してきたことも特徴として挙げられます。

漢の時代は前漢と後漢に分けられます。まず前漢の時代です。前漢は五代目の皇帝である武帝が即位するまで、国家システムを確立するために試行錯誤していました。そうしてようやく武帝の時代に、儒教の国教化が行われることになるのです。武帝は太学、今でいう国立大学に五経博士を設けました。五経とは、儒家の思想の中核をなす『易』、『書』、『詩』、『礼』、『春秋』の五つの経書、つまり経典のことです。

これら経書の各々を専門家である博士が講義したのです。こうして経書をもとにした学問「経学」が誕生します。ちなみに経書や経学の「経」とは、縦糸という意味です。あたかも縦糸のように、最後まで貫かれた真理を象徴しているのです。

では、どうして儒家の思想が儒教という宗教になったのか。それはこの縦糸に対して、横糸として位置づけられた緯書の影響が大きかったといえます。緯書は経書の内容が未来においてどのような形で現れてくるかを説くもので、これを基礎にした学問を「讖緯説《しんいせつ》」といいます。未来予測ですから、どうしても神秘的な内容が多くなってきます。そうして孔子は神のごとく神聖化されていったわけです。

この時代に活躍した思想家としては、先の武帝に様々な形でアドバイスを与えた儒家の董仲舒が挙げられます。彼は春秋公羊学と災異説で知られています。春秋公羊学とは、孔子の精神が込められているとする『春秋』の注釈書の一つ公羊伝を解析する学問のことです。これによって董仲舒は、皇帝の権力の根拠づけを試みました。

これに対して災異説のほうは、天と人とが連動していると考える天人相関説に、陰陽五行説を加えて作られた思想です。これを皇帝の言動に当てはめることで、皇帝に善政を敷かせる効果がありました。なぜなら、皇帝が悪政を行うと、災害が起こるからです。**このように中国では、皇帝が天から命を受けているという思想が長らく影響**

を及ぼし続けます。

前漢でもっとも有名な思想家といえば司馬遷でしょう。司馬遷は、父司馬談とともに『史記』という歴史書を完成させた歴史家として知られています。しかし、**『史記』は単なる客観的な歴史の叙述にとどまらず、あらゆる角度から歴史を見渡し、自らの意見を盛り込んだもので、むしろ思想書といっていいのではないかと思います。**

さて、国教化された儒教は、宣帝という皇帝の時代に開かれた石渠閣《せっきょかく》会議と呼ばれる会議を通じて、内容の整理がなされていきます。この会議は、経書の解釈を行ったり、優劣を決めるためのものです。こうして儒教の内容が精緻化されていったのです。

さて、次に後漢です。後漢とは光武帝が漢王朝を復興してからの約200年間を指します。儒学が国教化されたのを受け、後漢もまた儒教を尊びます。中でも、礼教国家と呼ばれるように、後漢では儒教の礼の教えが重視されました。

また後漢で着目しなければならないのは、今文学と古文学の論争です。今文というのは、漢の時代に使われていた文字のことです。これに対して、古文というのは、秦以前に使われていた文字のことです。最初は今文で書かれた経書が使われていたのですが、古文で書かれた経書が次々と発見され、両者はどちらで書かれたもののほうが正しいのかという解釈の対立になっていきました。

この対立については政治とも絡んで一進一退の攻防が繰り広げられましたが、やがて両者の比較研究が進み、今文学と古文学の両方に通じた通儒と呼ばれる学者も現れるようになりました。そしてついには、章帝のときに白虎観会議が開かれます。これは今文学と古文学の学者が一堂に会して解釈の統一を図る会議です。

そんな後漢を代表する思想家として、鄭玄《じょうげん》を挙げることができるでしょう。鄭玄は、今文学と古文学の両方を学び、それらの統一を図りました。その際、両者を相互補完するような形で解釈することで、経学を完全なものにしようとしたのです。

こうした儒教をめぐる論争のほかに、この時代にはもう一つ重要な動きがありました。それは道教の源流としての太平道や五斗米道の登場です。後漢の社会は徐々に混乱とともに衰退していき、やがてそれを決定づける党錮《とうこ》の乱が起こります。それを機に黄巾の乱をはじめとした動乱が各地で起こり始めたのです。

黄巾の乱とは、太平道と呼ばれる宗教結社による反乱です。そしてこれと時を同じくして、五斗米道という宗教結社が出てきます。これらがもととなって、その後儒教と肩を並べることになる道教が誕生することになるのです。

三国時代、晋、南北朝——老荘思想と仏教の台頭

ナビゲーション

三国時代、晋、南北朝時代は中国の歴史の中では複雑に入り組んだ形になっており、ある意味で漢と隋・唐といった安定した統一国家の間に挟まれた混乱の時代ということができます。その混乱の時代にふさわしく、漢代に支配的な地位にあった儒教とは別の思想が発展していきます。それが仏教や老荘思想、そしてその老荘思想の影響を受けた道教でした。

ここでは三国時代、晋、南北朝時代をひとくくりにしています。というのも、これらは思想的にはまとまりのある時代だからです。とはいえ、やはりそれぞれの時代ごとに特徴があるのもたしかなので、順番に時代ごとに見ていきたいと思います。

まず魏、呉、蜀の三国時代と晋の中でも最初の西晋の時代です。漢の時代とは違って、儒教はすでに国教の地位は失っていましたが、それでもまだ最有力な思想であることには変わりありませんでした。

ただ他方で、宮中のエリートの間で老荘思想が流行した時期もあり、儒教の書物までもが老荘思想によって解釈される風潮があったといいます。そして『易』『老子』『荘子』の三つを合わせて「玄学」と呼び、その議論は空疎な言葉遊びを意味する清談と称されました。その清談をリードしたのが、最古の『論語』の注釈『論語集解』をまとめた何晏と、最古の『老子』の注釈『老子注』を著した王弼《おうひつ》でした。

彼らはともに老荘思想における無の重要性を説き、玄学を儒教の欠落を補う学問として定着させることに成功しました。その伝統を受け継いだのが、いわゆる竹林の七賢人と呼ばれる7人の思想家たちでした。今でも現実離れしたお気楽な発言をする人をこのように形容することがありますが、彼らは決して浮世離れした話をしていたわけではありません。政情不安定な世の中で身をくらますために、酒を飲みながら互いに交友しつつ議論を行なっていただけです。

実際には七賢人が一堂に会して議論していたわけではないようですが、思想的にまとめて扱うためにのちにそう呼ばれるようになったようです。中でも一番有名なのは阮籍《げんせき》でしょう。彼は儒教の教えは対処療法にすぎないとして、老荘思想、特に荘子の思想に傾倒していきました。

続く東晋南北朝の時代の特徴としては、まず「玄儒文史」が挙げられます。これは玄学、儒教、文学及び歴史を学ぶことを意味しています。玄学は貴族の間で盛んに学ばれ、文学や歴史に関しても多くの作品が生まれました。ただ、儒教はそれほど発展することはなく、中には、当時広まりつつあった仏教思想を通じて儒教の経典を解釈するというような動きさえあったようです。

ほかにもこの時代には、格義仏教と呼ばれる老荘思想を媒介とした仏教が広がりました。格義とは仏教用語を老荘思想の言葉に置き換えて解釈することです。たとえば、悟りの境地を意味する仏教の「涅槃」は老荘思想の「無為」、悟りを求める者を意味する仏教の「菩提」は老荘思想の「道」と同じものとして解釈されました。こうして儒教、老荘思想、仏教の一致、つまり三教一致が説かれるに至ります。

もっとも、これでは仏教を正確に理解したことにはならないので、格義仏教を批判して正しく仏教を理解するよう訴える動きも出てきました。有名なのは、范縝《はんしん》と沈約の間で起こった「神滅不滅論争」です。これは因果応報を否定し、肉体が滅べば神も滅ぶとした范縝の「神滅論」と、それに異を唱えた沈約の「神不滅論」との間の争いです。

このような議論のおかげで仏教は発展し、優れた仏教徒が現れ始めます。多くの仏典を中国語に翻訳することで中国仏教の発展に尽力した西域僧、鳩摩羅什はその一人です。なかでも『大品般若経』や『法華経』などは、その後の仏教学にとって決定的な役割を果たすことになります。

こうした仏教の発展に対抗するかのように、道教もまたこの時代大きく発展していきます。道教とは、道家思想に長生不死の神仙を説く神仙思想が加わったものです。もともと後漢の末に老子を開祖と奉じる新興宗教、五斗米道が現れ、**そこに戦国時代から存在する神仙思想が結びつくことで道教の骨格ができたわけです**。その意味では、老子以来の伝統を持つ道家と道教は本来別のものである点に注意が必要です。

道教は庶民から多くの支持を受け、ついに北魏では廃仏が行われ、道教が国教になったほどです。かくして仏教と道教は対立していくことになります。

隋・唐――科挙と仏教の時代

ナビゲーション

隋・唐の時代は、なんといってもその後長く続く官僚登用試験、科挙が定着したことと、仏教が最盛期を迎えたことが特徴的だといえるでしょう。基本的には科挙は儒教について問われるものだったので、その分、思想としての儒教は固定化されていきます。反面、仏教は新訳などの登場で、浄土教や禅宗を中心に大きく広がっていきます。

唐代が300年近く続いたのに対し、隋代はわずか30年程度と短く、また思想的には唐と連続性があるので、主に唐の時代の動きを中心に見ていきます。ただ、隋に関して一つ重要なのは、官僚を登用するための試験である科挙が始まったことです。それ以前は、世襲によって貴族の子息が官僚になれる仕組みだったのですが、そのようなことを許していると、特定の勢力が政権を脅かしかねません。そこで隋の文帝は、能力次第で誰でも官僚になれる科挙制を導入したのです。これはその後の中国において、清の末まで続きます。

その科挙の試験で問われたのが、まさに儒教だったのです。そして試験をするからには、統一の解釈が必要になります。当時儒教の解釈は入り乱れていました。特に隋末唐初の戦乱によって書籍が散逸したことから、唐の太宗李世民が儒教の公式の統一解釈を命じたのです。それが『五経正義』と呼ばれる書物でした。易、詩、書、礼、春秋の五経に関する正しい解釈という意味です。

言い換えると、儒教は解釈の固定化によって発展の契機を削がれてしまったことになります。ただ、唐の中期に入ると、儒教改革のための古文復興運動が興ります。これは南北朝以来の空疎な美文を排して、代わりに古代の質実な文に復帰せよとする文学の変革運動です。古典から引いてきた四字句や六字句で構成される対句の積み重ねによってできた「四六駢儷文《しろくべんれいぶん》」を改めようとしたのです。

実はここには、単に文体を改めるという意味だけでなく、こうした四六駢儷文に象徴されるような貴族社会のあり方そのものをも見直すという政治的な意味が込められていました。それゆえに、この運動は必然的に思想界全体にも大きな影響を与えたわけです。その運動を主導した代表的な思想家の一人が韓愈《かんゆ》でした。

韓愈は儒教を熱愛し、仏教や道教を激しく非難したことでも知られます。なぜなら、唐の時代は基本的に儒教、仏教、道教の三教が相互に交流し、共存していたとはいうものの、どちらかというと、仏教や道教のほうが大きな発展を遂げており、道教に至っては優遇されていたからです。

仏教が発展したのは、王朝によって保護されたからです。もっとも、皇帝たちの意図は、権威の弱体化した儒教に代えて、仏教の力を借りて人心を集めるという点にありました。しかし理由はともあれ、仏教は様々な面で隋唐期に最盛期を迎えます。

まず、日本でもおなじみのあの三蔵法師のモデルになった玄奘が重用され、インドから持ち帰った仏教経典の翻訳を行いました。旧来の鳩摩羅什の訳に対して、この玄奘の新訳こそが、仏教を広める大きなきっかけとなったのです。

各宗派が競い合っていた隋唐期にあって、当時もっとも広がっていた宗派は、浄土教と禅宗です。浄土教は唐代初期に広がったのですが、その理由は、日本でもそうだったように、**煩悩を断ち切れない凡夫こそが、念仏を唱えるだけで救われるとするハードルの低さゆえだと考えられます。**

禅宗は、唐代中期以降大きな勢力を誇りました。それは、真理を直観的に認識するという点が中国の伝統思想と共通していたからだとみられています。この時代の禅宗が理論的に発展したのは、神秀《じんしゅう》と慧能《えのう》という二人の僧がそれぞれ北宗禅と南宗禅の祖として現れ、両宗派が競ったからだといわれます。両者は「南頓北漸」と呼ばれるほど対照的で、北宗禅が順序を踏んで漸次的に悟ることをよしとするのに対し、南宗禅は頓、つまり一気に体験的直観によって悟ることを説きます。

ほかにも、『法華経』を中心とする智顗の天台宗が誕生したり、インドからもたらされた密教などが発展し、日本の僧最澄が前者を、空海が後者を学んで帰りました。

道教については、先ほども触れたように、この時代ほど優遇されていた時期はありません。その背景には、皇帝が老子と同じ李という姓であったこと（老子の姓は李、名は耳）が関係しています。皇帝は老子を自らの祖先であると勝手に宣言したのです。ここには同姓は血でつながると考える現代でも根強い中国独自の同族意識が作用していた点に着目する必要があります。

このように、道教を優遇する方針を「道先仏後」あるいは「道先僧後」といいます。科挙でさえ、『老子』が必須科目にされたほどです。老荘思想が儒家と並んで今なお人気を誇っているのには、こうした歴史も影響しているといっていいでしょう。

宋――朱子学の登場

ナビゲーション

宋の時代は、市民が主役となる中国のルネサンス期だといわれます。そうした機運の中、儒教が大きな展開を見せます。江戸時代に徳川幕府公認の学問として導入されることになる朱子学の登場です。以後、中国においても朱子学が儒教のメインストリームとなっていきます。

唐が貴族の支配する中世社会であったとすれば、宋は市民が台頭してくる近世の始まり、いわばルネサンスにあたります。そこで、それまでとは異なる新しい文化や思想が登場してきました。とりわけ市民が台頭するきっかけとなったのは、科挙制度が家柄を問わない実質的なものとなり、士大夫、読書人、士人と呼ばれる本当の意味での知識人が多く登場したことです。

知識人たちは、唐の時代の固定化された「五経正義」に対して、より開かれた実践的な知を求めたのです。たとえば、首都開封の太学教授に抜擢された胡瑗《こえん》は、経学を教える「経義」に加え、政事、国防、水利、暦算といった実用的学問を教える「治事」を導入したりしました。

もちろん実践だけでなく、この時代、理論的にも儒教は発展し、優れた思想家を輩出しています。彼らの立場は「道学」と呼ばれています。**道学とは、聖人の道を究明して、それを自ら体得するというものです。**代表的な思想家に、二程と呼ばれる程顥《ていこう》と程頤《ていい》の兄弟がいます。

彼らは中国哲学史の中で初めて、天理つまり経験世界を超えた原理としての「理」の存在について論じました。陰陽のような気が物質的な存在であるのに対して、理は理念的な抽象原理だとしたのです。そして人間の本質である性は、この理を備えている点にあるとする「性即理」を唱えたのです。

この道学の系統に連なる偉大な思想家が朱熹《しゅき》にほかなりません。日本では尊称である朱子として知られている人物です。徳川幕府が公認の学問として採用したあの朱子学の創始者です。日本だけでなく、当時の東アジア地域全般に朱子学が大きな影響を及ぼした理由は、まず『四書集注』をはじめとした広範かつ膨大な著書を表したからだといえるでしょう。また、「修己治人」の言葉に象徴されるように、**学問の目的を**

人格の育成に加えて、その実践による社会への貢献と位置付けた点も挙げられます。

学問的には、程頤から受け継いだ「性即理」や理と気の思想が基礎にあるのですが、これをさらに厳密化することで、理気二元論を精緻化した点が重要です。つまり、原理としての理が存在規定となって、具体的な存在物である気が存在すると説いたのです。したがって、この世のあらゆる存在物は気によって構成されているということになります。

あらゆる存在の中でも人間については少し特殊なのですが、ここでは「心は性情を統ぶ」という表現が使われます。心は性と情、いわば理性と感情によって構成されているということです。その性の純粋な形が「本然の性」と呼ばれるもので、善の理想の状態だといっていいでしょう。これに対して、「気質の性」と呼ばれるのが、理に加えて気が結びついたもので感情を表しています。朱熹は、修養によって、感情が悪に流れないように努めるよう説いたのです。

その学問方法こそが、心のつつしみを守り、理性的に思考するという「居敬《きょけい》」であり、かくあるべきという道理を知的に見極めることを説く「窮理《きゅうり》」にほかなりません。**つまり冷静に知を探究することの重要性を方法論として主張したのです。**

この朱熹のライバルといっていいのが陸九淵《りくきゅうえん》です。彼は朱熹の「性即理」のように心を理性と感情に分けることなく、心こそが真実だとする「心即理」を説きました。このように陸九淵が開いた心の主体性に着目する思想は、後の時代に心学として大きな潮流になっていきます。

他方、朱子学のような新たな学問を生み出した儒学に対して、この時代の仏教は活気を失いつつありました。ただ、禅宗だけは、信仰というより自己修養の側面が強いこともあって、士大夫に好まれたようです。そのため臨済宗や雲門宗が発展しました。日本に禅宗がもたらされたのもこの時期です。

道教にも新しい動きがありました。従来の外丹という修養法に対して、内丹という方法が登場したことです。外丹とは鉱物を溶かして不死の薬を合成するというものであったのに対して、内丹はむしろ体内における修養によって肉体の長生と精神の解脱を目指すという内的なものでした。

その点では近世の始まりという新しい時代の幕開けにふさわしく、仏教も道教も儒教ほどではないものの、それなりに新しい世界を切り開こうとしていたということができるのかもしれません。

元―学問の標準になった朱子学

ナビゲーション

元といえばモンゴル人による野蛮な国というイメージがありますが、その多くは偏見に過ぎず、建国当初こそ科挙が廃止されたものの、知識人は保護されていたようです。とりわけ朱子学が盛んに取り入れられました。そうして科挙が再開されると、朱子学は以後の時代も含めて科挙の標準になっていきます。

一般的に私たちが元という国に抱くイメージは、モンゴルの国、野蛮、儒教とは無縁といったものではないでしょうか？　おそらく日本にとっては元といえばあの鎌倉時代の元寇のイメージがあるのでしょう。手段を選ばない彼らの残忍ぶりが伝えられています。

ところが、現実はそうでもないようです。たしかに最初のころは科挙も廃止されたのですが、元代の中期には再開されています。歯向かうことがない限り知識人たちも保護され、行政官僚制度が採用されていたのです。とりわけ朱子学については、積極的に普及が図られたようで、国家公認の学問になったくらいです。

その背景には、許衡《きょこう》という思想家の活躍がありました。許衡は、科挙制度や学問の改革など、元の文教政策に様々な提言を行ったのです。**たとえば科挙制度については、それまでの文人のための知識を問うものではなく、官僚としての実務能力を問うより実践的なものに改革するように働きかけました。**その際に彼が推奨したのが朱子学だったのです。

これによって民間の学にすぎなかった朱子学は、一気に公的な地位を与えられ、広く普及するとともに後代においても学問の標準となっていきます。

また、朱子学については、『大学』を入門書として活用すると同時に、日常道徳や修身の方法などのすべての基礎として、常日頃から『小学』を学ぶよう説きました。

許衡は、『大学』の中の「正心」という概念を重視し、民族を超えて一つにまとまるための心が必要だと説いたのです。また、『小学』については、朱熹の理論体系が表現されたものととらえ、その理論の実践こそが道を実践することにほかならないとしました。こうして朱子学が民族を超えて共有される基礎を築き上げることに成功したのです。

明——陽明学の衝撃

ナビゲーション

明の時代、初期のころは朱子学が全盛を誇りますが、そのうち朱子学に対抗するものとして、心学の流れをくむ王守仁の陽明学が登場し、大きな影響力を持つようになりました。また、キリスト教の宣教師がやってくると、西洋の思想も紹介されていきます。

明を統一した洪武帝は、朱子学者らを登用して儒教中心の教育政策を実施しましたが、同時に儒教、仏教、道教の三教を容認する姿勢をとりました。これに対して永楽帝は、「永楽大典」と呼ばれる百科全書のほか、「永楽三大全」と呼ばれる朱子学の体系を構築させることで、その普及に力を入れました。

こうして明の初期の時代には、朱子学は官学化され、強い影響力を誇っていました。ところが、やがて朱子学が浸透してくると、ただ注釈を重ねるだけでなく、この学問を純粋に探求しようとする学者が登場してきます。たとえば明初最高の儒教者を意味する「明初儒学の冠」と称される曹端《そうたん》や薛瑄《せつせん》などが挙げられます。彼らは朱熹の構築した学問を純粋に学び、実践しようと努めたのです。

その背景には、不景気によって書籍があまり出回っていなかったため、自ら新しい立場を開拓していくしかなかったという事情もあったのですが、それだけでなく、従来の修養論に対して持ち上がってきた疑問もありました。そこで陸九淵《りくきゅうえん》に由来する心学を再評価する機運が生まれていったのです。

その空気を感じ取って陽明学を大成させたのが王守仁でした。**王守仁は、物事の道理を正すという意味の格物を、心を正すという意味に解釈し、心こそが理、つまり真理であると唱えました。**そうして朱熹の「知先行後」説に対して、知と行は分けられないとする「知行合一」説を提唱するに至るのです。

知先行後は、読書によってまず知識を蓄積し、理を窮めることでその実践が可能になると考えるものです。これに対して、知行合一は、知ることと行うことが同じだと考えるため、知った通りに行うという行動を常に求めたのです。行動しないのは、知らないのと同じだというわけです。

王守仁は、この知行合一をベースにして、知行を実践する主体を良知ととらえ、その良知が十分に能力を発揮することこそ学問の意義にほかならないとする「致良知」

の思想を完成させました。これは修養の必要性を否定するものであり、いわば修養無しで誰でも聖人になれる道を開いたということができます。

その後陽明学派は、様々な形で発展していきます。ただ、王守仁自身が学問の固定化を嫌ったこともあり、その学統の分類は定まっていません。出身地や師弟関係によって七派に分ける説や、学問の中身によって二派や三派に分ける説などがあります。

中でも特筆すべきは、王学右派と王学左派の二派の対立です。これはもともと王守仁の晩年、弟子の王畿《おうき》と銭徳洪《せんとくこう》が王守仁の説く「無善無悪」の解釈をめぐって論争した天泉橋問答に端を発します。

無善無悪とは、心は善悪という既成の見方にとらわれない至善だと解釈する立場なのですが、心以外の要素も善ととらえるか、悪であるととらえるかについては意見が分かれたのです。結局、王守仁が立場を明確にしなかったため、二人の弟子が各々自分の正しさを主張してグループが分かれてしまったということです。

すべては、王守仁の陽明学が柔軟なものであったことに起因しているといっていいでしょう。さらにこのことは、儒教にとどまらず、仏教や道教にも影響を与えます。つまり、王守仁の良知説が一定の枠組みにこだわらない柔軟なものであったがゆえに、儒、仏、道の三教の垣根が取り払われる傾向が現れたのです。**とりわけそれは明末に至って三教一致の思想として広がっていきます。**その典型は三教先生と呼ばれた林兆恩《りんちょうおん》でしょう。彼は、教えに違いはあっても道に違いはないという三一教を唱えています。

その他明末には、いよいよキリスト教が入ってきました。イエズス会士の宣教師マテオ・リッチは、カトリックの天主は経書の上帝と同じであるとして、天主教と儒教の合致を説く『天主実義』を発表して布教に努めました。

また宣教師たちは、布教をスムーズに進めるための策として、士人と呼ばれる儒教の教養を身につけた人たちに西洋科学も紹介しました。これによって中国人の科学知識が向上しただけでなく、世の中に実際に役に立つ実学が栄えます。

こうした実学は西学と呼ばれ、一部の知識人たちは、その積極的な摂取に努めました。彼らは天主教を儒学を補う学問「補儒論」であると位置づけ、儒学が十分世の中の役に立っていないとの認識のもと、西洋科学を紹介する書籍を出版したのです。しかし、明はその成果を生かし切れないまま滅亡してしまいます。

清——考証学の隆盛

ナビゲーション

清の時代には、初期の頃、明の遺臣たちが儒教を社会に適用しようとする動きがありました。その後清代の思想においてもっとも重要といえる考証学が隆盛を迎えます。これは古典にさかのぼることで、現在普及している学問の正しさを見直すものです。さらに、後の革命の時代につながる公羊学も登場してきます。

清の時代においてまず特筆すべきなのは、「清初の三大家」と呼ばれる顧炎武、黄宗羲、王夫之の三人です。清の思想はこの三人に始まり、この三人に回帰するとまでいわれるほどです。それぞれ特徴はあるものの、共通しているのは、**いずれも明の遺臣として清朝に対する抵抗の姿勢を貫いた点や、一部の陽明学が主張していたような私欲を肯定する思想を批判した点です**。それは明国滅亡の原因でもあったからです。

広大な領土を持つ清は、様々な民族を統治する手段として彼らがそれぞれ信奉する宗教を認めていましたが、やはり儒教が中心であることは間違いありませんでした。

朱子学をベースにした科挙制度を採用していましたし、康熙帝にいたっては自ら朱子学を推し進め、朝廷に「理学名臣」と呼ばれる一派が形成されたといいます。それに伴って、逆に陽明学は衰退していったといっていいでしょう。

その後清では、新たな学問の潮流が起こります。それはこれまでの学問を整理し、正統性について検証するという考証学です。特に、乾隆年間と嘉慶年間に盛んとなったことから、この時代の考証学は「乾嘉《けんか》の学《がく》」などと呼ばれることもあります。

「乾嘉の学」では、経書を中心とした古典に対する文献学的研究が行われたのですが、その中には古代言語の知識と朱子学の体系との食い違いを取り上げる者も出てきます。そうした視点から朱子学を鋭く批判したのが戴震《たいしん》でした。

清代末期になると、アヘン戦争や太平天国の乱などもあり、国内が不安定になってきます。それに伴ってようやく本来の思想が息吹を吹き返します。代表的なのは公羊学です。公羊学とは、五経の『春秋』に出てくる公羊伝を研究するものです。この公羊伝を政治理論として解釈し、孔子の真意を探究するということが盛んに行われました。そんな議論の中から、次の時代の政治革命につながるような思想も生み出されていったのです。

近代——革命前夜の思想

ナビゲーション

ここではアヘン戦争から中華人民共和国の成立までの幅広いスパンを中国の近代ととらえています。アヘン戦争後、孫文をはじめ近代化を訴える思想家たちの手によって、辛亥革命が成し遂げられ、中華民国が成立します。その中で儒教は古い思想として排斥されるか、新儒家のように新たな文脈のもとで存在意義を求められるようになっていきます。

どこからを近代と位置付けるかが問題ですが、ここでは清の末期と重複するもの の、アヘン戦争を起点とする立場に依拠しておきます。そこから1949年に中華人民共和国が成立するまでの思想について概観したいと思います。

さて、アヘン戦争に敗れた清には、租界が設けられ、一気に西洋の知識が流れ込んできます。それに伴って当然英語を操る知識人が登場しますが、依然として中国古典の教養が重視されていたため、彼らは二流の知識人としかみなされませんでした。ただ、こうした西洋の視点が、諸子百家の活躍した春秋戦国時代の思想をヨーロッパ思想との比較で再検討する動きをもたらしたのは事実です。

その後日清戦争が勃発し、日本の勝利に終わります。すると日本が勝利した原因は、日本の改革の成功にあったという分析のもと、社会制度を改革を求める「変法」論が台頭してきます。その代表的な論者が康有為《こうゆうい》でした。

さらに康有為は、孔子を改革者として再解釈し、孔子の真意はいかなる差別もなく、公私の区別もない理想の大同社会の実現にあったと主張しました。**そうして自由や平等といった西洋の価値を孔子の教えの文脈に読み込み、改革を行おうとしたわけです。**ここには、その後の中国が西洋と対決しながら改革していくうえでのロジックの原型が垣間見られます。儒教の伝統の中に、西洋に伍していくためのすべての要素が備わっているとする主張です。

またこの時期中国に進化論が取り入れられたことも見逃せません。たとえば厳復《げんぷく》は中国における最初の社会進化論の紹介である『天演論《てんえんろん》』を翻訳出版し、大きな反響を得ます。この本で示された優勝劣敗や適者生存という言葉がはやったようですが、それは皮肉にも当時の中国が置かれていた状況をうまく説明するものだったからです。

日清戦争の敗北によって、中国人たちは日本に目を向け始めます。科挙が廃止されると、学生たちは伝統的な教養ではなく、新しい学問を意味する「新学」を学ぼうと、日本に留学したのです。当時の日本には西洋の書物を邦訳したものがかなり蓄積されてきていたため、中国人学生はそうした日本語の解釈を介して西洋の学問を学んでいたのです。

1919年の五四運動の前後から儒教批判の声が高まり、儒教は体制維持イデオロギーとしての役割を終えたといわれます。ただ、その後は伝統学術を国粋として幅広く学ぶ「国学」へと再編されていきました。1920年から30年代にかけて、康有為の門人である梁啓超によって、この国学は最盛期を迎えます。梁啓超は、民を新たにし、国民意識を高めることを唱え、集団としての国民の歴史を再構築する必要性を訴えました。そして立憲政の樹立を訴えたのです。

その梁啓超とライバル関係にあったのが、革命派です。彼らは孫文をリーダーにして、専制王朝打倒と共和制樹立を訴えました。孫文は、中国同盟会の機関誌『民報』の中で、民族、民権、民主を説く三民主義を掲げ、政治革命と社会革命の同時実現を唱えました。そして中華民国の初代臨時大総統に就任するのです。

ところが、孫文を騙して臨時大総統になった軍閥の総帥袁世凱が独裁を始めると、孫文は日本に亡命します。そうして中国では新文化運動が興ります。陳独秀が創刊した『青年雑誌』がその幕開けです。**ここで陳独秀は儒教などの中国の伝統思想を批判し、デモクラシーとサイエンスに則った中国文化の全面的な改造の必要性を訴えます。**

またこの運動の中で、胡適などが文学革命を起こします。つまり、文語を用いて古典の権威に寄りかかる態度を改め、もっと個性的な感情を表現すべきだと説いたのです。この主張を文学作品として実践したのが『狂人日記』等の作品で日本でも名を知られる魯迅その人でした。

陳独秀はその後急速にマルクス主義に傾斜し、ソ連から派遣されたヴォイチンスキーらの指導のもと、李大釗《りたいしょう》らと共に中国共産党を結成します。ここでついに中国はマルクス主義を受容し、現代に至る共産主義国家の基礎を構築したのです。

また1920年代、30年代は、馮友蘭や熊十力、梁漱溟らの新儒家たちが、新しい哲学体系を構築しようと模索していた点にも注意が必要です。彼らは西洋の思想文化に対抗する学問として、儒教を再評価しようと苦心していたのです。これはよく日本思想において西洋に負けない独自の哲学を模索した京都学派の動きと比較されます。

現代――席巻する社会主義

ナビゲーション

ここでは中華人民共和国成立から現在に至るまでを中国の現代と位置付けています。したがって、そのほとんどは社会主義思想です。具体的には、文化大革命を引き起こした毛沢東思想から、儒教の再評価、そして鄧小平の社会主義市場経済という流れになります。

ここでいう現代は、中華人民共和国成立後からまさに21世紀の現在に至るまでを指しています。1949年に中華人民共和国が成立して以来、1970年代に至るまで、儒教は厳しい非難の対象になってきました。たとえば、1953年、毛沢東は梁《りよう》漱溟《そうめい》を儒教の仲間を意味する孔孟の徒であるとして、非民主的で自己批判の精神がないと非難しました。階級支配を唱える毛沢東にとって、儒教の家父長的な支配はどうしても打倒しなければならない主要課題だったからです。

そして1966年に文化大革命が始まります。この運動は、毛沢東が、資本主義の復活を計ろうとするすべての勢力を一掃し、自らの最高権力を強固なものにしようとしたことに端を発したものです。そのため、資本主義復活の社会的基盤と目される作家や芸術家などが徹底的に排除されたのです。

同時に儒教に関しても、旧風俗、旧習慣、旧思想、旧文化のいわゆる「四旧打破」の提唱や、1974年の林彪と孔子を批判する「批林批孔」などに見られるように、孔子を反動的思想家と位置づけ、厳しく非難しました。

その後毛沢東が死ぬと、1978年、中国共産党は文化大革命の誤りを認めます。そうして1980年代には改革開放政策に転じることになるのです。これによってようやく、文化熱あるいは文化論フィーバーと呼ばれる動きの中、儒教の再評価が始まります。

社会主義においてどう儒教が両立するのかと思われるかもしれませんが、**集団の意義や道徳の大切さ、そして人治を重視する礼教社会の骨格は、くしくも相互扶助的な中国独自のマルクス主義を生み出すことに成功したのです。**

このように、古代より現代に至るまで、王朝が変わるごとに儒教は新たな体制構築のために批判の対象となり、そしてその王朝が傾いてくると国民の統合のためにその伝統と権威に頼るということが繰り返されてきたのです。

裏を返すと、それだけ人々の間に揺るがぬ権威として根付いてきたということがいえるでしょう。**政治の状況がどうあれ、中国人の心の中には、DNAのように刷り込まれた儒家の教えが常にあったということです。**

さて、改革開放後の中国では、共産主義国家であるにもかかわらず、市場経済の導入を掲げる鄧小平が、「白猫であれ黒猫であれ、鼠を捕るのが良い猫だ」という「白猫黒猫論」を唱え、経済発展を最大の目的に据えて前進していきます。

そのため教育や言論も自由に行われるようになり、1980年代は陳凱歌《チェン・カイコー》や張芸謀《チャン・イーモウ》といった映画監督の活躍で、特に中国映画が世界へと躍進します。1986年に党総書記に就任した胡耀邦は、自由な言論を推奨する「百花斉放・百家争鳴」を再提唱しました。なぜ再提唱なのかというと、かつて毛沢東も同じ方針を掲げたことがあるからです。後に撤回しているのですが。

こうして自由な言論が許されるようになると、当然のことながら民主化を求める声が出始めます。それがピークに達したのが1989年6月4日に起こった天安門事件でした。民主化を求めて天安門広場に集まった民衆に向けて、政府は無差別発砲を始めたのです。そしてこの事件の記録を歴史から消し去ってしまいました。これによって中国は国際的に非難を受けますが、改革開放を加速する鄧小平の「南巡講話」をきっかけに、社会主義市場経済を前面に掲げ、驚異的な経済成長を遂げていきます。

思想界では、天安門事件の後、１９９０年代から現在に至るまで、汪暉の活躍に触れないわけにはいかないでしょう。汪暉は中国だけにとどまらず、世界の言論界を舞台に、グローバル社会における中国のあり方を「モダニティ」という概念で分析しています。新左派とも称されるとおり、新自由主義の問題点を鋭く批判するその思想は、世界中から注目を浴びています。

ほかにも活躍している思想家はいますが、文化大革命や天安門事件という思想にとって負の影響を与える事件が続いたせいか、どうしても中国の思想界は下火のように思われます。実際、汪暉も指摘しているところですが、多くの優秀な人材が海外に流出してしまっているのです。現在もなお続く言論統制の中で、はたして中国哲学は二千数百年の知の歴史に新たな足跡を残すことができるのかどうか。経済同様、世界中が固唾をのんで見守っているといっていいでしょう。

おわりに　生きた知識としての「中国哲学」

私と中国哲学との出会いは、もう20年以上前にさかのぼります。当時伊藤忠商事の中国市場担当として、会社から派遣されて台湾に語学留学した後、北京に駐在していました。そのとき、中国のエリートたちが、日常の中で中国哲学の知識を生かしていることにとても驚いたのを覚えています。

ビジネスの場面に限らず、日常生活においても、中国の人たちは自分たちの知の結晶を決して古典として本棚にしまっておくのではなく、生きた知識としてフル活用していたのです。

中国語はなんとかできるようになったものの、当時そうした知識がほとんど皆無であった私は、中国哲学をツールのように使いこなす彼らの日常にある種の憧れさえ抱いたものです。

これは日本哲学を日常に生かす発想などまったくない日本人との大きな違いである

ように思います。以来私は、中国哲学に大きな関心を抱きつつも、なかなかしっかりと学ぶ機会がありませんでした。

しかし、山口大学国際総合科学部に異動し、ここで教鞭をとるようになったのを機に、一度本格的に中国哲学に取り組むことを決意しました。というのも、この学部では、アジア重視を掲げ、中国に交換留学する学生を多く抱えているため、中国哲学に対する高いニーズがあるからです。

今年度からは、私の専門である西洋哲学や日本思想と比較する形で、中国哲学に関する講義も行っています。受講者の中には、幸い中国や台湾からの留学生が多くいるため、彼らの日常の中にいかに中国哲学が溶け込んでいるか、生の声を聴くこともできます。

そうして私自身、気がつけば中国哲学を日常の中で意識し、時に故事成語などを引用しながら、まさにかつて自分が憧れたような中国哲学のある日常を送っています。この快適さは筆舌に尽くしがたいものがあります。孔子ではないですが、古の知に学び、そこから敏感に何かを得ようと努める日々を楽しんでいるのです。ぜひ一人でも多くの方とこの喜びを分かち合えると幸いです。

さて、本書の執筆に当たっては、多くの方々に大変お世話になりました。とりわけ西洋哲学編、日本哲学編に引き続き第三弾となる今回の企画でも、構想の段階から完成に至るまで粘り強く支えてくださったＰＨＰエディターズ・グループの田畑博文さんには、この場をお借りしてお礼を申し上げたいと思います。

最後に、本書をお読みいただいたすべての方に改めて感謝を申し上げます。

平成29年1月

小川仁志

主な参考・引用文献リスト

朝倉友海『「東アジアに哲学はない」のか』岩波書店、２０１４年
石川禎浩『革命とナショナリズム１９２５－１９４５』岩波書店、２０１０
井ノ口哲也『入門　中国思想史』勁草書房、２０１２年
汪暉著、村田雄二郎他訳『思想空間としての現代中国』岩波書店、２００６年
島田虔次『朱子学と陽明学』岩波新書、１９６７年
竹内照夫『四書五経　中国思想の形成と展開』平凡社、１９６５年
武田雅哉他編『中国文化55のキーワード』ミネルヴァ書房、２０１６年
日原利国編『中国思想辞典』研文出版、１９８４年
日原利国『中国思想史（上・下）』ぺりかん社、１９８７年
丸川哲史『思想課題としての現代中国　革命・帝国・党』平凡社、２０１３年
マイケル・ピュエット、クリスティーン・グロス＝ロー著、熊谷淳子訳『ハーバードの人生が変わる東洋哲学』早川書房、２０１６年
溝口雄三他編『中国思想文化事典』東京大学出版会、２００１年
溝口雄三他『中国思想史』東京大学出版会、２００７年
諸橋轍次『座右版　中国古典名言事典』講談社、１９９３年
森三樹三郎『中国思想史（上・下）』第三文明社、１９７８年
湯浅邦弘編著『諸子百家　儒家・墨家・道家・法家・兵家』中公新書、２００９年
湯浅邦弘編著『概説中国思想史』ミネルヴァ書房、２０１０年
湯浅邦弘編著『名言で読み解く　中国の思想家』ミネルヴァ書房、２０１２年
横山英、中山義弘『孫文』清水書院、１９６８年
Chung-Ying Cheng and Nicholas Bunnin, eds., *Contemporary Chinese Philosopy*, Blackwell Publishers, 2002.
Herrlee G. Creel, *Chinese Thought: From Confucius to Mao Tse-Tung*, The University of Chicago Press, 1953.
Michael Puett and Christine Gross-Loh, *The Path: A New Way to Think About Everything*, Simon & Schuster, 2016.
Wen Haiming, *Chinese Philosophy*, Cambridge University Press, 2012.

小川　仁志（おがわ・ひとし）

1970年、京都府生まれ。哲学者・山口大学国際総合科学部准教授。京都大学法学部卒、名古屋市立大学大学院博士後期課程修了。博士（人間文化）。米プリンストン大学客員研究員（2011年度）。商店街で「哲学カフェ」を主宰するなど、市民のための哲学を実践している。専門は公共哲学・政治哲学。著書に『はじめての政治哲学』（講談社現代新書）、『7日間で突然頭がよくなる本』『世界のエリートが学んでいる教養としての哲学』『世界のエリートが学んでいる教養としての日本哲学』（以上、PHPエディターズ・グループ）、『超訳「哲学用語」事典』（PHP文庫）などがある。

ブックデザイン　小口翔平＋岩永香穂（ｔｏｂｕｆｕｎｅ）

世界のエリートが学んでいる
教養としての中国哲学

二〇一七年三月八日　第一版第一刷発行

著　者　小川仁志
発行者　清水卓智
発行所　株式会社ＰＨＰエディターズ・グループ
〒一三五－〇〇六一　江東区豊洲五－六－五二
☎〇三－六二〇四－二九三一
http://www.peg.co.jp/
発売元　株式会社ＰＨＰ研究所
東京本部　〒一三五－八一三七　江東区豊洲五－六－五二
普及一部　☎〇三－三五二〇－九六三〇
京都本部　〒六〇一－八四一一　京都市南区西九条北ノ内町一一
PHP INTERFACE　http://www.php.co.jp/
印刷所
製本所　図書印刷株式会社

ISBN 978-4-569-83560-0

PHPエディターズ・グループの本

世界のエリートが学んでいる教養としての日本哲学

小川仁志 著

禅、仏教、武士道……。世界のエリートも注目している「日本思想」を、グローバル時代を生き抜くための独自の思考ツールとして伝授する。

定価 本体一、四〇〇円（税別）

PHPエディターズ・グループの本

7日間で突然頭がよくなる本

小川仁志 著

本書は、哲学者のように頭がよくなる一冊。多くの哲学者たちが身につけてきた「頭がよくなる秘訣」と「テクニック」を読者に伝授します。

定価 本体一、四〇〇円（税別）

PHPエディターズ・グループの本

［小川式］突然英語がペラペラになる勉強法

小川仁志　著

本書は、英語がペラペラになれる一冊。まるで語学留学したかのように英語に強くなる「秘訣」と「テクニック」を読者に伝授します。

定価　本体一、四〇〇円（税別）

ＰＨＰエディターズ・グループの本

面白くて眠れなくなる社会学

橋爪大三郎 著

なぜ社会はこんなふうに成立しているのか？　社会学の第一人者が、社会の仕組みとその背景にある本質（社会のルールの由来）を見事に解き明かす。

定価　本体一、三〇〇円（税別）